Irmã Amália Aguirre Queija

RITA ELISA SÊDA

Irmã Amália Aguirre Queija

A Violetinha do Calvário

EDITORA
SANTUÁRIO

Coordenação editorial: Ana Lúcia de Castro Leite
Copidesque: Luana Galvão
Revisão: Sofia Machado
Capa e Diagramação: Mauricio Pereira

Dados Internacionais de Catalogação na Publicação (CIP) de acordo com ISBD

S447i Sêda, Rita Elisa

Irmã Amália Aguirre Queija: a violetinha do calvário / Rita Elisa Sêda. - Aparecida : Editora Santuário, 2025.
344 p. ; 14cm x 21cm.

Inclui bibliografia e índice.
ISBN: 978-65-5527-481-3

1. Religião. 2. Cristianismo. 3. Calvário. 4. Vocação. I. Título.

2025-399 CDD 240
CDU 24

Elaborado por Odilio Hilario Moreira Junior - CRB-8/9949

Índice para catálogo sistemático:
1. Religião : Cristianismo 240
2. Religião : Cristianismo 24

1ª impressão

Rua Pe. Claro Monteiro, 342 – 12570-045 - Aparecida-SP
Tel.: 12 3104-2000 – Televendas: 0800 - 016 00 04
www.editorasantuario.com.br
vendas@editorasantuario.com.br

OFERECIMENTOS

A Deus Pai, que teve Misericórdia e me ajudou a encontrar os documentos necessários.

A Jesus Crucificado, que me auxiliou nas quedas que tive durante o calvário de escrever esta obra. Ao Espírito Santo, que me deu sabedoria e discernimento para escrever.

A Nossa Senhora das Lágrimas, que tanto enxugou as minhas durante o percurso da pesquisa e escrita. Entendi que os percalços pelos quais passei geraram lágrimas para que eu entendesse o valor do sofrimento.

Aos santos: São Francisco de Assis, Santa Gemma Galgani, Santa Teresa de Ávila, Santo Padre Pio, Santa Helena Kowalska, Santa Rita de Cássia; aos que ainda não foram canonizados: Teresa Neumann e Georgette Faniel. Para esses santos eu orei todos os dias.

A meu anjo da guarda, que me amparou todos os dias.

Às Missionárias de Jesus Crucificado, que ainda lutam pela beatificação da Irmã Amália e pela divulgação das Lágrimas de Maria.

Ao Exército das Lágrimas, que fundei em 2022 e que agora segue com nova direção.

A minha família: marido, filhos, netos, pai e irmãos.

TESTEMUNHO

"Quando eu era garota, minha casa era visitada todos os anos por duas irmãs *do Instituto Missionárias de Jesus Crucificado,* décadas de 1940 e 1950. Vinham de Campinas, propagando a revista de sua congregação: 'A Missionária', recebendo assinaturas e fazendo novas.

Minha família, muito católica, fez adesão à revista; uma de minhas irmãs acompanhava uma das missionárias aos lares cristãos da cidade de Santa Rita do Sapucaí. Lembro-me bem da irmã Maria Tereza e Irmã Maria da Glória. Com elas e com a revista, aprendi a rezar o Terço das Lágrimas e conheci um pouco a respeito da Irmã Amália.

Meu filho, na década de 1980, fez o noviciado jesuíta perto da casa das irmãs, em Campinas. Fui à casa delas e fiquei encantada com a entrada: duas escadas e, lá em cima, a imagem de Nossa Senhora das Lágrimas. Fiquei impressionada com a beleza da imagem.

Continuei amiga das irmãs e, quando voltei lá para participar da festa dos 80 anos da irmã Maria da Glória, o local estava todo mudado. Notei certo ar de mistério... não sei explicar.

Rezo o Terço das Lágrimas e tenho um original 'trocado', no túmulo de Irmã Amália. Pouca coisa eu sabia de sua vida. Parece-me que a causa do mistério era ela."

Rita Sêda Pinto[1] (*In memoriam*)

Minha mãe escreveu esse testemunho poucos meses antes de falecer, em 2021. As irmãs missionárias de Jesus Crucificado que ela conheceu pouco falavam da Irmã Amália. Mamãe tornou-se devota de Nossa Senhora das Lágrimas, eu e minha irmã, Letícia, conhecemos e somos devotas há mais de 40 anos. Em 1985, quando estive no Lar Irmã Amália, em Taubaté, ganhei da dona Therezinha o livrinho azul que a Apparecida L. Pinheiro Franco escreveu sobre a Irmã Amália. Resido em uma cidade perto de Taubaté, SP, por isso, desde essa época, visito constantemente o túmulo da Irmã Amália para rezar a Coroa das Lágrimas. O terço trocado no túmulo foi em 2015, quando lá eu estive. Minha mãe havia me pedido um terço diferente de Nossa Senhora das Lágrimas, e eu o encontrei no túmulo. Nessa época, pouca coisa sabíamos da vida dela. Em 2001, em retiro espiritual na Casa Generalícia, com amigas missionárias de Jesus Crucificado, na

[1] Rita Sêda Pinto é mãe da autora desta obra.

capela, eu prometi à Irmã Amália escrever sua biografia. Demorou muitos anos e, finalmente, em 2020, eu a finalizei. Aqui, neste livro, tem um resumo de tudo o que encontrei.

PREFÁCIO

Creio que, assim como eu, você também ama a Deus! Porém, quando enfrentamos muitas provas e dificuldades, quando tudo parece escuro e confuso, quando os ataques do demônio parecem mais fortes, parece que o amor esfria um pouco. Na verdade, não esfria, apenas não sabemos direito o que fazer e para onde ir. Eu também passei e passo por isso! No entanto, mesmo com nossa humanidade frágil e fraca, o bom Deus jamais nos desampara.

Uma vez, estando em retiro pessoal, tive um sonho. Hoje, entendo que se tratava de uma visão espiritual. Nele, vi uma freira sentada em uma cadeira feita com tiras de plástico, de costas para mim, que balançava para frente e para trás. Ela ficava diante de um Sacrário pequeno e de um altar e me dizia: *Eu preciso ir com você! Você precisa me levar com você!* Eu, sem entender nada, voltei do retiro e, durante a viagem, comecei a ouvir um vídeo sobre uma freira que tinha visto Nossa Senhora e Nosso Senhor. Tratava-se da Irmã Amália. Naquele momento, sua vida me fisgou, e eu entendi que, na verdade, ela me escolheu e apareceu em meu sonho.

Aos poucos, a visão que tive, a Bondade de Deus e o auxílio de Nossa Senhora, fizeram-me chegar até a senhora Rita Elisa Sêda, autora desta biografia. Em um instante, tornei-me íntimo de alguém que nunca vi, familiar de alguém com quem nunca convivi e filho espiritual da Irmã Amália, que gosto de chamar de *mãezinha*. Por meio do árduo esforço da senhora Rita Elisa, assim como eu, você poderá "ver, conviver, aproximar-se e se tornar íntimo" dela, assim como eu, porque ela, cuja missão é nos conduzir a Jesus e Nossa Senhora de um modo novo, está viva em cada uma das palavras contidas neste livro.

Em um instante, ela entrou em minha vida e, ao ler as páginas escritas pela autora e ter contato com sua árdua pesquisa de muitos anos, algo maravilhoso aconteceu: eu encontrei a Irmã Amália!

Sim, nas palavras que você irá ler neste livro, não encontrará uma história ou algumas informações teóricas, mas encontrará o fruto de uma pesquisa de muitos anos, um trabalho regado com esforços, lágrimas, orações, noites sem dormir, alguém (Irmã Amália) que o tornará mais íntimo de Deus e de Nossa Senhora, que o tomará pela mão e, como uma boa professora, vai guiá-lo pelo testemunho de vida.

Eu sempre busquei a Deus e me dei inteiramente a Ele, especialmente pela vocação sacerdotal, mas, quando a Irmã Amália entrou em minha vida, tudo se fez novo, tudo recebeu um novo sentido, uma nova razão e posso dizer, com toda a certeza, que eu me tornei um novo sacerdote.

Em suas mãos, há um tesouro, uma riqueza de valor incalculável, um presente que o Bom Deus deu, primeiramente, para o Brasil! Você tem a vida, a história, os ensinamentos e as "fichas brancas" da pequena "violeta" de Jesus, da pequena "pomba do pombal". Essas são algumas expressões que somente vai entender depois de ler este precioso livro, que, posso garantir, vai valer a pena! Com toda a certeza, lerá e relerá muitas vezes!

Prepare-se, então, para uma experiência de fé, para um testemunho concreto de uma vida consumida por amor a Deus e por amor às almas, a fim de aprender a relacionar-se com Deus e com Nossa Senhora de uma maneira nova. Prepare-se para conhecer a história e a vida daquela que foi escolhida por Deus para ser a mensageira das Lágrimas, da Mansidão e da Misericórdia Divinas: Irmã Amália de Jesus Flagelado.

O que, certa vez, Nosso Senhor disse a ela quero transcrever para concluir este humilde prefácio: "Filha, identifica-te comigo! Eu só quero reinar em teu coração de esposa. Ah, vive de minha vida [...], dá-me de comer, alimenta-me com os sacrifícios de cada dia, pois eu me alimento com os sacrifícios de minhas esposas [...], tenho sede de tua imolação completa, tenho sede daqueles que se acham longe de mim. [...] deseja, se alma grande, se generosa, vive no alto do Calvário, e aí me poderás dar inúmeras almas".

Espero, de coração, que esses também sejam seus desejos e sua meta de vida, independentemente de sua vocação. Que possamos, cada vez mais, conhecendo a vida de Irmã Amália, ser almas grandes, generosas, identificadas a Cristo, com o coração dominado por Ele, vivendo da vida dele, alimentando-o por meio dos sacrifícios de cada dia e querendo, como Nossa Senhora, a imolação completa de sua vida para a Glória de Deus e a salvação das almas, especialmente daqueles que estão longe de Deus, pelos quais clamamos Misericórdia.

Que a Irmã Amália, minha mãezinha, entre em sua vida, como entrou na minha, e faça você crescer no amor e na amizade com Jesus e Nossa Senhora. Boa leitura!

Itapetininga, 12 de maio de 2024, Solenidade da Ascensão de Jesus e dia das mães.

Pe. Me. André Viana
Sacerdote Diocesano, Vigário Judicial e
Juiz Presidente do Tribunal Eclesiástico,
da Diocese de Itapetininga, SP,
filho espiritual da autora desta obra.

Parte I

Riós Espanha!

INFÂNCIA

Por obediência[2]*, dou começo a estas páginas, nas quais vou relatar minha vida. Vida de uma pobre alma que sempre procurou viver à sombra benéfica da Santa Cruz. Aos 22 de Julho de 1901, vi a luz deste mundo, conforme minha mãe me disse.*[3]

O pai

A Galícia, região Ourense, fica à noroeste da Espanha. Sua capital é a famosa cidade de Santiago de Compostela, que atrai milhares de peregrinos anualmente e traz em sua bandeira a estampa da Eucaristia.

Existem vários caminhos que levam a Compostela. Geralmente, os que são chamados para irem a pé, de bicicleta, de moto ou, até mesmo, de carro dizem que existe uma purificação espiritual a cada curva, uma harmonia de sentimento universal de paz a cada subida e descida, uma mansidão contemplativa a cada fim do dia e um acolhimento humano a cada anoitecer. Está incrustrada nessa região tão espiritual, a vila de Riós.

---

[2] A obediência é um dos votos que Irmã Amália fez ao entrar para o Instituto Missionárias de Jesus Crucificado.

[3] *Vida Íntima II*, 13-7-1932.

Foi nessa região da Espanha, exatamente na vila de Riós, que, no dia 3 de fevereiro de 1875, nasceu Andrés Aguirre, filho único do casal, José e Amália Aguirre.

Amália Aguirre era católica praticante, educou seu filho dentro da religiosidade cristã; era uma verdadeira catequista.

> *Como ia dizendo, meu querido Pai foi educado segundo as possibilidades de sua mãe, que procurou que aprendesse o suficiente para ser um bom cidadão.*[4]

Andrés Aguirre serviu na Guerra de Independência Cubana ou Guerra de 95 (1895-1898), a última das três guerras pela independência dos cubanos contra o domínio espanhol.[5] Em 15 de fevereiro de 1898, o navio militar *USS Maine* foi destruído em Havana, Cuba, que era uma colônia espanhola. Nessa explosão foram mortos 266 marinheiros americanos. Os jornais sensacionalistas noticiaram, em suas primeiras páginas, que a culpa era da Espanha. Esse navio foi enviado a Havana para proteger os interesses americanos durante uma revolta cubana contra a Espanha. No fim da guerra, pelo Tratado de Paris, a Espanha concedeu aos Estados Unidos o controle das antigas colônias espanholas no Caribe e no Oceano Pacífico.

---

[4] Ibidem.

[5] In: wikipedia.org/wiki/Guerra_de_Independ%C3%AAncia_Cubana

Na época da Guerra de Cuba, Andrés se encontrava na segunda década de vida, novo demais para participar de um combate. Sua fé na Mãe de Jesus o fez recorrer a sua mãe terrena: pediu um escapulário para usar durante as batalhas.

> *Dizia-me ela: olha, minha filha, quem salvou seu Pai na guerra de Cuba foi Nossa Senhora, pois ele mesmo me mandou pedir o escapulário de Nossa Senhora do Carmo.*[6]

O Escapulário do Carmo é um sinal externo de devoção mariana. Seus utilizadores (quer sejam religiosos quer sejam leigos) pertencem automaticamente à Ordem Carmelita e consagram-se à Virgem Maria, na esperança de obter sua especial proteção e intercessão. O distintivo externo dessa pertença ou consagração/devoção é precisamente o pequeno escapulário marrom, constituído por duas peças de tecido marrom de lã atadas entre si por uma corda. O escapulário recorda a seus utilizadores o compromisso da Ordem Carmelita e seu modo de vida e a dimensão mariana do carisma carmelita (que se caracteriza por uma vida de familiaridade com Maria, impregnada de oração imitação, presença e prática de virtude).[7]

---

[6] *Vida Íntima II*, 13-7-1932.

[7] In: wikipedia, escapulário de Nossa Senhora do Carmo.

A mãe

O casal Andrés e Emerita morava na casa dos pais de Andrés, na vila de Riós.

> *Sendo meu Pai filho único, ficou ele vivendo com sua Mãe, a qual o estimava em extremo, como é natural quando se tem um único filho.*[8]

Emerita Queija Gomez nasceu dia 12 de setembro de 1881, na vila das Touzas, também na região Ourense. Ela era filha de Miguel Queija e Stella Gomez, que tiveram cinco filhos: Emerita, Dorcinda, Álvaro, Irene e Carmem.

> *Possuindo ele boa inteligência, ainda que não frequentasse escolas superiores, ficou habilitado para exercer o ministério público, pois, quando eu nasci, era ele Alcaide do lugar.*[9]

Alcaide era o título outorgado para o antigo governador da província Ourence, que, sob jurisdição civil ou militar, atuava também como um oficial de justiça.[10]

Naquela casa, na vila de Riós, viviam, em completa harmonia, Amália Aguirre, seu filho Andrés e sua nora Emerita.

> *Meus Pais pobres, porém ricos da graça de Deus, viviam, segundo minha Mãe me relatou, na mais doce união.*[11]

---

[8] *Vida Íntima II*, 13-7-1932.

[9] Ibidem.

[10] Alcaide, in: Dicionário Oxford Languages.

[11] *Vida Íntima II*, 13-7-1932.

Na vila de Riós, as ruas eram pavimentadas com pedra, a maioria das casas também era feita de pedras, havia muitas árvores; predominavam as castanheiras. Uma das características que, há muitos anos, marcou essa cidade e região foi o cultivo específico da castanha, produto que fomentou ali tradicionais festas, roteiro turístico espanhol que tem fama em toda a Galícia. Por causa dessa tradição tão antiga é que na bandeira de Riós está desenhada uma castanheira.

Em quase toda casa havia uma cabra para abastecer os moradores com leite e alguma árvore frutífera. Nos lares católicos, os crucifixos eram fixos nas paredes da sala e, até mesmo. nos quartos. No inverno era preciso provisão de lenha para o fogão, lugar para alimentar e aquecer o corpo.

O nascimento

> *A Santa Madalena entrego-me para que infiltre, em meu coração, o verdadeiro arrependimento de meus pecados e me alcance um verdadeiro amor a Jesus e à Cruz!* [12]

Mês de julho, em pleno verão espanhol, no fim do mês, dia 22, época da seca, era chegada a hora de mais uma criança, de uma menina, ao lar dos Aguirre Qucija.

> *Fui eu o segundo fruto da união de meus queridos pais, aos quais sou eternamente grata por me haverem ensinado o verdadeiro caminho que conduz ao Paraíso.* [13]

---

[12] Ibidem.

[13] Ibidem.

Após quatro dias, o pai foi ao cartório registrar a criança, cujo nome era uma homenagem a sua avó paterna: AMÁLIA.

> *Na vila de Riós, província Orense, às doze, do dia vinte seis de julho de mil novecentos e um, diante do d. Castor Delgado Fernandez, Juiz municipal, e d. Julio Villarino Duran, secretário, compareceu Andrés Aguirre [Psagto], natural desta vila, província de Orense e de idade de vinte e oito anos, de estado casado, seu exercício lavrador domiciliado em o mesmo, com sua cédula pessoal décima primeira classe, número quarenta, com o objetivo de escrever o Registro Civil de uma menina; e ao efeito, como pai de a mesma, declarou que a menina nasceu nesta vila no dia vinte e dois do corrente, às dez e seis.*
> *Que é filha legítima do declarante e de sua esposa Emerita Queija Pomez, de vinte anos de idade, natural e domiciliada no de seu marido.*
> *Que é neta por linha paterna de Amália Aguirre, natural desta vila, vizinha da mesma.*
> *E por linha materna (neta) de Miguel Queija Pallego, natural de Vilarinho das Touzaz e de Estrella Pomez Barja, natural e vizinha ambos desta expressada vila.*
> *E que a expressada menina se chama pelo nome de Amália.*
> *Todos os quais presenciaram como testemunhas Miguel Pereira Lorenzo e Castor Garcia Fidalgo, maiores de idade, casados, naturais de Marcelin e Verin e vizinhos de Marcelin e Riós respectivamente.*[14]

Momento importante para o casal Andrés e Emerita a vinda dessa filha, que naturalmente veio ao mundo no dia em que muitos cristãos homenageavam Maria Madalena.

> *Nasci em Riós, Província de Orense, no dia já dito, 22 de julho de 1901, dia de santa Maria Madalena.*[15]

---

[14] Documento: Tradução da Certidão de Nascimento de Amália Aguirre Queija. Registro Civil Concello de Riós, Libro Tomo 20, página 236. Conforme envio do Cartório de Riós no dia 3 de abril de 2020.

[15] *Vida Íntima II*, 13-7-1932.

Maria Madalena, cuja festa litúrgica acontece no dia 22 de julho e foi instituída por papa Francisco em 2016, para ressaltar sua importância e resgatar para ela o título de "Apóstola dos Apóstolos", demonstrou grande amor por Cristo e Ele por ela.[16] Em três evangelhos, é mencionada na crucificação e no sepultamento de Jesus. Nos quatro livros (Lucas, João, Mateus e Marcos), é testemunha da tumba vazia, símbolo da ressurreição de Cristo. Em dois deles, foi a primeira a ver Jesus ressuscitado.

Em 591, o papa Gregório Magno teria se referido a ela como a junção das três mulheres diferentes: a pecadora, que unge os pés de Jesus; a mulher de Magdala, que se liberta de sete demônios; e Maria de Betânia, irmã de Lázaro e Marta.[17]

> *Nascendo com um defeito no lábio superior, minha mãe me criou com mamadeira, com a qual me dei muito bem, segundo ela me contou.*[18]

Amália nasceu com uma fissura labiopalatal, que consiste em uma abertura no lábio ou no palato (céu da boca), podendo ser completa, lábio e palato. Essas aberturas resultam do desenvolvimento incompleto do lábio e/ou do palato, enquanto o bebê está se formando, antes de nascer.[19]

---

[16] Santa Maria Madalena. In: Vatican News.

[17] https://www.ebiografia.com/maria_madalena/

[18] *Vida Íntima II*, 13-7-1932.

[19] https://bvsms.saude.gov.br/fissura-labio-palatal-e-labio-leporino/

Disse-me que eu era uma bolinha de gorda e que foi muito fácil me criar.[20]

O amor de sua avó paterna foi tão grande que levou Amália ainda pequena para ficar com ela no quarto, cuidando dela.

Minha avó paterna tomou tal amizade por mim, no dizer dela, que conseguiu que minha mãe me desse para dormir com ela.[21]

O batizado

Amália foi batizada no dia 28 de julho, na igreja Santa Maria, na vila Riós. Nela, há pedras, que lhe dão sobriedade; uma porta de entrada, com duas folhas de madeira; em cima, bem no alto, há uma janela pequena, retangular, emoldurada e um campanário, no centro e no alto, depois do telhado, cujo sino anunciava Celebrações Eucarísticas e festas religiosas e se ouvia em toda a vila.

Na Igreja paroquial de Orrós [Riós], Santa Maria, província ou bispado de Orense, nos dias vinte e oito de julho de mil novecentos e um, o sacerdote, abaixo informado Cura Pároco de Santa Maria de Orriós, batizei solenemente a uma menina nascida no dia vinte e dois do mesmo mês e ano nesta Villa a que dei o nome de Amália. É filha legítima de D. Andres Aguirre, natural de Orrós, operário, e Emerita Queija Gomez, consorte, empregada no trabalho doméstico. Avós paternos, Amália Aguirre, e desconhecido; materno, Miguel e Strella conjugam ofício camponeses, são naturais de Villarino das Touzaz na paróquia de [Progo] e todos os vizinhos de Orrós. Seus padrinhos foram D. Demetrio Gago e sua senhora, Da Verissima Vazquez, vizinhos de Orrós,

20 *Vida Íntima II*, 13-7-1932.

21 Ibidem.

a quem receberam o parentesco espiritual e as obrigações contraídas. Só para constar, assino na data acima Bernardo Alvares Alonso.[22]

O batismo de Amália aconteceu no dia 28 de julho, porque os batizados eram feitos apenas aos domingos, por isso não pôde ser no dia 30 de julho, como desejavam seus pais. Mesmo assim, ficou equivalente para os familiares que o batizado foi entre os oito dias estipulados pela tradição familiar.

A criança Amália crescia vigorosa, gordinha, bem alimentada e amada por todos. Desenvolveu-se com muita saúde. Sua avó a catequizou por meio das orações e vida de Jesus, Maria, santos e anjos.

Segundo o que minha avó me contou, fui sempre forte, tive o sarampo uma vez e gripe, nunca mais sofri coisas graves.[23]

O desejo de Amália, que sempre acompanhava sua avó Amália nas missas, era o de receber a sagrada Eucaristia.

Amor pelos desamparados e pelos aflitos

Meu saudoso Pai foi educado segundo as possibilidades de minha santa avó, pois, se assim digo, é porque ela me ensinou a rezar o santo rosário e muito me falou desta Mãe do Céu, à qual havia devotado um grande amor e uma confiança.[24]

---

[22] Documento: *Certidão de Batismo de Amália Aguirre Queija*. Libro: Duplicados Partidas Sacramentales, Parroquia Riós, Santa Maria, p. 15. Certidão enviada por d. Miguel Ángel González Garcia, encarregado del Archivo Histórico Diocesano de Ourense, AHDO. Conforme envio no dia 29 de julho de 2020.

[23] *Vida Íntima II*, 13-7-1932.

[24] Ibidem.

Avó Amália cuidou com esmero da espiritualidade de sua neta homônima. Juntas, rezavam o Rosário, iam à missa aos domingos, participavam das festas religiosas. Ensinava também a pequena Amália a seguir os preceitos cristãos, principalmente os ensinamentos descritos por Jesus: amar e ser caridosa.

> *Um dia, sendo eu pequenina, meu coração começando a palpitar fortemente, senti-me arrebatada por ouvir uma voz melodiosa que, dentro de meu coração, me segredava: "E despreza tudo e segue-me, porque Eu quero ser o único Senhor de teu coração pequenino". Sentindo, boa Madre, um estranho impulso, exclamei, sem saber o que estava dizendo: "Ah! do mundo eu não quero ser; mas, sim, toda vossa, e deste momento em diante vos entrego meu coração com todos os seus afetos!"*[25]

Em seu coraçãozinho de criança, Amália registrava os mandamentos, as doutrinas da Santa Madre Igreja. Gostava, aceitava e compartilhava com sua avó o que sentia.

> *Desde que comecei a raciocinar, senti uma terna compaixão pelos desamparados e pelos aflitos. Dizia, quando menina, a Jesus: Ó meu bom Jesus, ou desejava ser milionária para dar de comer aos que têm fome. E este desejo me levou, muitas vezes, a dar escondido os mantimentos que havia em casa. Sentia nisto um grande prazer, porém, como sempre minha família nunca foi rica, nunca pude saciar meu desejo de dar e dar em abundância.*[26]

---

[25] *Vida Íntima I*, 3-7-1930.

[26] *O Palácio para todos que sofrem! Fatos da vida da Ir. Amália.* 6/3/1931. In: *Vida Íntima II*.

A pequena Amália era impulsionada para a caridade; ansiava ajudar os mais necessitados e, para isso, não se poupava. Fazia o que podia e, até mesmo, o que não podia... doava os mantimentos da família. Porém a fome logo fazia presença para os necessitados de um prato de comida.

Nem sempre podia saciar a fome deles. O recurso para aquela menina era verter suas lágrimas pelos carentes, os esfomeados, os malnutridos, também pelos pobres que não tinham agasalho suficiente para o inverno rigoroso da vila de Riós, cujos campos, cujas árvores, ruas e cujos telhados das casas se esbranquiçavam com a neve.

> *A consolação que me ficava era a de chorar e pedir ao bom Deus que me fizesse rica para agasalhar os pobres. Queixando-me, muitas vezes, a Jesus, disse-lhe: Meu Jesus, tenho tanta vontade de fazer os pobres e os que sofrem felizes; dai-me, ó Jesus, meios para conseguir tal fim.*[27]

Nessa época, ainda tão criança, seu coração escutava os sussurros vindos do Crucificado. Suas lágrimas de compaixão, suas esmolas de amor, suas preces mostravam absoluta caridade. Um dom especial que era urdido por meio dos ensinamentos de sua avó. No silêncio do coração, Amália escutava Jesus.

> *Ouvia, muitas vezes, esta resposta que me dava esperanças: Mais tarde! E, assim, meu coração amargurado se consolava pensando no "mais tarde" de Jesus.*[28]

---

[27] Ibidem.

[28] Ibidem.

O Amor crescia na alma da menina Amália. Embora não tivesse condições econômicas, havia nela uma nobre vontade que não tinha preço. A caridade era mestra. Se fosse preciso sair às ruas de Riós, calçadas com pedras escurecidas pelo tempo, pedindo esmolas para dar aos pobres, ela o faria, porque, se não o fizesse, as pedras gritariam. Para aquela menina esse era um recurso necessário para o bem-estar dos desabrigados, para aquecer os desvalidos, para saciar a fome dos famintos. Amália pensava, articulava seus dons para beneficiar o próximo. Seria uma mendiga para os mendigos.

Quantas vezes, ó meu Deus, tive ímpetos de sair pelas ruas mendigando pão para dar aos que tinham fome.[29]

Ajudar os moribundos

Jesus amável, quantas vezes me dissestes: "queres me consolar? Sê perfeita".[30]

As tramas do Senhor, no coração de Amália, eram com fios de ouro do amor. Aos poucos, ela ia conhecendo o caminho certo: o da paz, que é gerada na alma de quem conversa com Jesus, entende a língua dos homens, talvez até a língua dos anjos. Sua alma respirava caridade, sem

[29] *O Palácio para todos que sofrem! Fatos da vida da Ir. Amália* (6/3/1931. In: *Vida Íntima II*.

[30] *Vida Íntima I*, 21-7-1930.

a qual, ela seria como um metal a soar, um sino a tinir, fazendo apenas barulho. Era no silêncio da oração, nos passos suaves de uma menina que, muitas vezes, escondida de seus pais, à procura do anonimato, exercia o poder do amor, por meio da caridade. Ela procurava estar até mesmo nos lugares onde os adultos queriam distância.

> *Outras vezes, sentia impulsos de me internar em uma Santa Casa para consolar os pobrezinhos que jaziam em seu leito de dor. (...)*
> *Quando menina, gostava de estar ao lado dos enfermos e assistir aos moribundos. Quantas vezes isto fiz, sem licença de meus pais. Fugia de casa às escondidas e, quando me procuravam, achavam-me na casa do vizinho que estava lutando com as vascas da morte.*
> *Pequena, como era, parecia-me que estar ao lado de um moribundo era consolá-lo, e isto me fazia tanto bem (...)!*
> *Quando eu voltava para casa, não tinha mais vontade de brincar, porque dizia aos amigos: para que brincar? Devo aproveitar meu tempo; pois eu também tenho de morrer um dia.*[31]

Preparação para a primeira comunhão

> *Minha preparação para o primeiro encontro com Jesus. Minha santa avó procurou gravar em minha alma os desejos de receber o Rei dos reis, o Pai amantíssimo de nossas almas. Todos os dias ela me fazia ajoelhar diante de um quadro de Nossa Senhora e me dizia coisas tão bonitas, procurando gravá-las em minha alma.*[32]

A catequese de avó Amália para com sua neta era diária. Na igreja ou no quarto, sempre lhe ensinava os valores do cristão, inclusive a humildade.

---

[31] Ibidem.

[32] *Vida Íntima II*, 13-7-1932.

Como tudo neste mundo é vaidade, repetia-me a mendo[33]*: fica sabendo, minha filha, (porque de filha me chamava) que tudo neste mundo passa! Confesso que sentia tanta consolação em meditar com ela, digo meditar hoje, porque naquele tempo não sabia o que era meditar.*[34]

O quarto, onde as duas dormiam, era um ninho onde a avó era a ave que nutria a alma da pombinha com lições cristãs. Dormiam juntas, conversavam.

Era tão coitadinha que precisava dormir junto com a vovó, a quem tinha uma grande afeição, porque ela lhe falava coisas muito bonitas, contava-lhe a história sanguinolenta do Calvário e ensinava-lhe a rezar o Rosário de Maria.[35]

Muitas eram as histórias que avó Amália ensinava e a neta ouvia atentamente. Eram as sementes de sabedoria que caíam em terra fértil no coração da menina Amália, mesmo que alguns pensassem, na escola, que era tontinha, bobinha.

Dizia-lhe: "Olha, filhinha, Maria é nossa Mãe, Mãe que nos ama muito; Jesus, seu filho, é nosso Deus, o Deus bom, que morreu Crucificado para nos abrir as portas do paraíso". E a menina, tontinha, ouvia tudo com a boca aberta, dando seus apartes, fazendo-lhe perguntas: "O que é o paraíso?" E a vovó respondia: "É onde mora Jesus e sua Santíssima Mãe! Ah! Ali há tantos anjos que tocam flauta, violino e sanfona". Ah! Então, respondeu a tontinha: "Então, eu também quero ir para esse céu para escutar o violino e a flauta e a sanfona!..." Mas a vovó disse-lhe: "Olha, minha netinha, para lá só vão as meninas que rezam o terço e enxugam o Sangue de Jesus". E a tontinha perguntou à vovó: "como se enxuga o Sangue de Jesus?" – "Olha, filha, sendo boazinha, não teimando

---

[33] *Do antropônimo latino tardio Menendus, de etimologia incerta, através do galaico-português arcaico Menendo – pôr-se em movimento, mexer-se, agitar-se.*

[34] *Vida Íntima II*, 13-7-1932.

[35] *Vida Íntima I*, 22-6-1930.

com os irmãozinhos, sendo obediente, indo à escola." Porque a tontinha não gostava da escola, era preciso apanhar.[36]

Sim, a menina Amália, aos sete anos, estava matriculada na escola, mas não queria prestar atenção nos estudos, por uma razão que veremos posteriormente. Enquanto o véu ainda paira nessa parte da história, abramos a cortina do tempo para entendermos os ensinamentos que purificaram seu coração.

Sua avó explicava o que ela devia fazer para que o Crucificado sentisse a força do amor humano.

Continua vovó: "Fazendo atos de amor, beijando as Chagas de Jesus é assim, minha netinha, que se vai para o céu". E, então, olhando para o Crucificado, parecia-lhe ver a Sangue correr e que a tontinha fazia [beijar], e o Sangue secava. No coração da tontinha se passava uma cena comovente, parecia-lhe que ouvia dizer: "Mais tarde!... mais tarde!..." [37]

Os dizeres "mais tarde... mais tarde" criaram fonte de esperança na alma da pequena Amália. Era o argumento que seu amado proclamava para o entendimento futuro.

Nessa época de adestramento ao sagrado, de se deixar cativar pelo amor, foi muito importante para ela a catequese que sua avó lhe ensinava em casa.

Como minha avó procurou preparar meu coração para tão sublime ato! Todos os dias, depois de rezar com ela de joelhos um terço, do qual ela era devotíssima, dizia-me que eu devia ser pura como os anjos e caridosa como Jesus nos

---

[36] *Vida Íntima I*, 22-6-1930.

[37] *Vida Íntima I*, 22-6-1930.

deu exemplo. Fazia-me beijar muitas vezes as Chagas de Jesus Crucificado e recomendava-me que, durante o dia, em espírito as beijasse.[38]

O que Amália mais queria era receber a Sagrada Comunhão. Participava atentamente do catecismo na igreja, ministrado pelo pároco e por suas irmãs.

Além desta preparação, fui ao catecismo, que nossa bondosa Paróquia costumava dar às crianças que se preparavam para a primeira comunhão. Durante o ano eram suas duas irmãs, que viviam com ele, que nos explicavam o catecismo; aos domingos, porém, quando faltavam dois meses para a Primeira Comunhão, era ele mesmo que todos os dias nos reunia em sua própria residência e nos explicava o catecismo.[39]

A véspera

Na véspera do dia da *Primeira Comunhão*, o coração de Amália pulsava em ansiedade pelo recebimento do puro amor: Jesus, cujas chagas via sangrar na cruz e para as quais corria, a fim de as beijar e estancar o sangue.

Amália e os outros catequizandos foram levados para uma sala onde receberam uma nobre missão, um compromisso de amor... a santidade!

Fui eu, também, receber as boas explicações de santo Sacerdote. Quando chegou a véspera deste grande dia, o bom Pároco nos fez ajoelhar e nos disse: Boas meninas e bons meninos, que amanhã ides receber pela primeira vez o Pão dos Anjos. Aqui, aos pés da Mãe deste mesmo Deus, ides prometer para sempre amardes a comunhão, pois é ela o caminho mais curto para chegar ao cume da santidade.[40]

---

[38] *Vida Íntima II*, 13-7-1932.

[39] Ibidem.

[40] Ibidem.

Uma promessa que foi escrita a fogo no coração da pequena Amália.

> *Ficou isto tão gravado em meu coração que até hoje me causa sensação, quando disto me lembro. Parece-me que a imagem que ele tinha naquela sala, parece-me não sei se foi ilusão, parece-me que vi Nossa Senhora abrir seu peito e mostrar-me seu coração, como que me dizendo: "Aqui te guardo para todo o sempre!"*[41]

Realmente, a Mãe Santíssima mostrou seu Coração à pequena Amália, que não conseguia sair do lugar. Tudo parou, o infinito deu corda no tempo. Todos os sentidos de Amália ficaram voltados para o Coração de Maria.

> *Não sei mais; o que posso dizer é que todos os meninos e todas meninas se levantaram, só eu fiquei de joelhos, porque não vi ninguém se levantar! Só acordei quando a boa irmã de nosso santo Pároco me disse: "Levanta-te, pois, os meninos, já todos se foram para suas casas".*
> *Eu fiquei como que envergonhada, e Dona Remédios, que é como se chamava a irmã do Sr. Pároco, disse-me: "Por que ficaste aqui assim ajoelhada?"*
> *Eu lhe respondi: "Porque a Nossa Mãe do Céu me estava guardando em seu Coração"*
> *Ela sorrindo me disse: "Vai depressa, porque se não tua avó logo te vem procurar, pensando que ficaste brincando".*[42]

Acordada daquele êxtase sem igual, Amália se levantou em um grau de felicidade que era impossível explicar. Seus pensamentos eram para o dia seguinte.

> *Fui para minha casa com meu coraçãozinho pulando de alegria, pensando no dia bonito de amanhã, dia em que o Sr. Pároco me pintava tão lindo. Louvado seja Deus! Na realidade ele foi um dia de bênçãos para minha alma, que*

[41] Ibidem.

[42] Ibidem.

nada compreendia do que Jesus estava preparando para tão solene dia.[43]

O grande dia

Deus ama as criancinhas! Por meio dessas almas puras, Ele se faz presente no coração humano; a elas pertence o Reino do Céu. E, nesse reino, existem muitos anjos. Para a menina Amália, fruto de uma educação divina, Ele enviou anjos para marcar a madrugada do grande dia. Aquela pureza humana ia receber o Corpo Santo de seu Filho Amado – Jesus se faria presente dentro dela. Ela ansiava por isso. A Santíssima Trindade festejava. Era de noite, a menina não conseguia dormir; eis que sons angelicais marcaram presença. Ah! O Amor se faz presente pela música. Assim como se fez para São Francisco de Assis.

> *A véspera foi como já disse feliz. A noite eu a passei pensando na comunhão. Parecia-me que ouvia tocar violinos e flautas!*
> *E eu disse: onde será que estão fazendo serenatas a esta hora?*
> *Mas os violinos e as flautas eram tão bem afinados!... Não sei o que foi aquilo, não pude compreender aquela bela encantadora música!*[44]

Aquela melodia ficou impregnada em notas divinas em sua alma. Foi tão forte que, 21 anos depois, ela a

---

[43] Ibidem.

[44] Ibidem.

relatou em uma carta. Mesmo sem dormir, levantou-se da cama feliz, porque amanheceu o tão esperado dia. O calendário gregoriano marcava 1º de outubro de 1911; o calendário divino marcava o Infinito.

> *Chegou afinal o dia feliz de receber pela primeira vez o Rei dos reis, o Pão dos Anjos, a comida divina!*
> *Foi este dia o primeiro dia de outubro, contava eu 10 anos de idade, segundo o que minha avó me disse, que bem firme ficou em minha mente. "Tens 10 anos, minha boa filha, e já podes bem compreender o que vai fazer".*[45]

Seus trajes eram alvos como a neve: vestido, meias e sapatos brancos, um singelo véu; parecia uma noiva a caminho do altar para se encontrar com o amado. Nas mãos carregava um tercinho e um livrinho. Era manhã de domingo. Amália, acompanhada da avó, do pai, da mãe e dos irmãos, foi para a missa.

> *A Missa foi celebrada por nosso D. D. Pároco, que nos fez uma bela prática sobre as palavras do santo Evangelho! "Deixai vir a mim as crianças, porque delas é o reino dos Céus."*
> *Confesso que meu coração estava ansioso por poder receber Aquele que diziam tão bom, tão amigo das crianças.*[46]

Para uma criança de apenas 10 anos de idade, o Reino do Céu é repleto de amor espiritual em forma de atenção, carinho, amor físico, muitas guloseimas de que as crianças gostam. Elevar-se na sinestesia humana. Alimentar a alma com o carinho de Deus.

---

[45] Ibidem.

[46] Ibidem.

Chegando finalmente a hora feliz, lá fui recebê-lo. O que se passou em mim nessa hora não posso explicar, porque não tenho palavras. Só sei dizer que minha alma ficou inebriada de gozo. Tive a sensação de que me introduziram em uma sala e ali me deram doces e me cumularam de carinhos. Porém não via quem m'os dava; eu não sabia o que estava fazendo comigo, nada compreendi e digo mais, em minha ingenuidade, pensei que tudo aquilo eram presentes de Papai de Céu e que isto era natural; por isso não dei importância. Pensei que todas as meninas recebessem assim seus presentes; porém dentro, porque na mão nada tinha a não ser meu tercinho e livrinho.[47]

A visita

Por meio de sua ingenuidade infantil, a menina Amália, vestida de branco, uma noiva do Senhor, apreciava tudo o que acontecia e pensava que seus amigos que participaram da catequese com ela recebiam os mesmos presentes. No momento tão esperado, ao receber o Corpo de Cristo, ela teve uma visão.

(...) vou dizer tudo conforme a obediência me ordena, quando o Sr. Pároco disse "Domine non sum dignus", a pequenina partícula branca despendia raios luminosos!... Tudo isto para mim foi natural, tanto assim que não comentei estas coisas, porque eu achava que isto todos viam; quem sabe viram, porque isto depende da fé com que se olha para Jesus. Eu assim penso, pois não disse Jesus: "se tiverdes fé, podeis transportar montanhas; mais ainda, podeis fazer a que Eu fiz"; por isso penso que elas também tenham sentido e visto o que eu vi.[48]

Dentro de sua compreensão de fé, Amália presumiu que algumas crianças também assim viram Jesus. Hou-

47 Ibidem.

48 Ibidem.

ve um momento muito íntimo com o Crucificado que lhe alertou para uma visita. E, para isso, era preciso o silêncio.

> *Na ação de graças, ouvi que me dizia: "Hoje passa em silêncio, pois às três horas da tarde vou te visitar". Depois do ato solene, fizemos a renovação das promessas do Santo Batismo e lá fui para minha casa, que ficava a um quarto de hora distante da Igreja. A casa cheguei muito satisfeita; porém muito silenciosa, porque dentro em mim estava alguém a me convidar ao silêncio.*[49]

Ao voltar para sua casa, junto com seus familiares, almoçaram, e a pequena Amália resguardou o silêncio. Acanhada, escondia-se pelos cantos da casa, não entendia onde ia se encontrar com a visita; sabia apenas a hora. Todos notaram sua inquietação silenciosa, ao ponto de sua avó intervir a seu favor.

> *Muito comovida passei a manhã, quando, porém, foi chegando às 3 horas, minha avó me disse: "Estás muito abatida, és necessário que vai repousar um pouco".*
> *Oh! Foi minha salvação para assim poder sozinha receber meu Divino hóspede.*[50]

O quarto era seu refúgio perfeito, onde o Crucificado tantas vezes fora beijado, amado, onde as orações eram conquistas diárias de amor. Amália foi para perto da cama e ali ficou quieta.

> *Quando chegou a hora marcada, estava eu de joelhos. Aparece-me, não sei se foi uma realidade, mas o que sei dizer é que eu fiquei fora de mim. Aparece-me Jesus carregado com uma longa e grossa Cruz, todo ensanguentado! Eu, vendo assim Jesus, quis tocar-lhe, porém Ele me respondeu: "Não, minha*

---

49 Ibidem.

50 Ibidem.

filha, não me toques; só te venho dizer que, um dia, em longínquas terras, me desposarás. Eu serei por ti defendido e minha doce doutrina será destilada e serão bem-aventurados os que a receberem".[51]

A menina Amália, que horas antes estava em trajes de noiva, toda de branco, agora, ali no canto, perto da cama, ouvia uma profecia para sua vida; mas, em sua ingenuidade, nada entendeu. Jesus que, horas antes, havia sido entronizado no altar do coração da Amália, ali, pessoalmente, dizia-lhe palavras difíceis de compreensão para uma menina que estava ainda em fase de alfabetização. Eram palavras difíceis de entender. Jesus, reflexo do coração de Amália, sabia disso.

Fiquei tão perplexa, nada compreendi do que Jesus me falou, porém Ele logo acrescentou: "Hoje não compreendes; porém, mais tarde, compreenderás, quando fores minha esposa; os que te receberem te compreenderão. Guarda em silêncio estas coisas, até que não chegue sua hora".[52]

Amália compreendeu que, enquanto a hora não chegasse, era preciso ficar em silêncio. Nele seria purificada, preparada para ser esposa de Jesus. Ainda havia detalhes muito importantes que ela guardou em seu coração e só os revelou 17 anos depois: onde era essa terra distante? Como defender Jesus Flagelado a caminho da Crucificação? Poderia ela ensinar, propagar os ensinamentos de Jesus?

---

51 *Vida Íntima II*, 13-7-1932.

52 Ibidem.

Assim, Jesus me deixou. Fiquei fora de mim, porque minha avó, vindo me visitar para ver como estava, levou um grande susto: ela mesma me contou depois, pensou que eu tinha me compenetrado demais, que me fizera mal e, assim, tinha me dado desmaio.[53]

Avó Amália, ao entrar no quarto, encontrou sua neta no chão; parecia desmaiada. Não sabia que, há poucos instantes, havia acontecido o primeiro êxtase de sua neta. Amália ficou escondida dentro do Sagrado Coração de Jesus, um dia depois de ser recebida dentro do Imaculado Coração de Maria. Era a Mãe que abria o caminho para a pequena filha receber Jesus. Um dos dons impregnados nela, depois da Comunhão e da visitação de Jesus, foi o da "humildade"; mesmo que sempre retraída, quieta, cheia de pudor e acanhada, achava-se ainda orgulhosa.

Louvado sejais, ó meu Deus, que sabeis esconder em vosso Coração as almas fracas como a minha, porque, se vós não me tivésseis escondido, o que seria de mim, toda orgulhosa como sou![54]

Jesus Flagelado, que apareceu no quarto para visitar Amália, já havia passado pelo menosprezo humano, foi manietado, sinal da mais pura mansidão. Ele se deixou ser manietado para dar início à cura da humanidade. Essa mansidão ficou latente na alma da menina Amália, embora sentisse que precisava explicar que também tinha lá seus defeitos, que era bem humana e que todos

---

[53] Ibidem.

[54] Ibidem.

são chamados para a santidade, dependendo somente do *fiat* de cada um; para isso temos o livre-arbítrio.

> *Assim se passou o grande dia de minha primeira comunhão. Desde esse dia quanto já vos tenho ofendido, ó meu Deus. Isto o digo convicta, pois, para que me acreditam, vou relatar minhas desobediências e meus caprichos.*[55]

Vida escolar

A vida continuava normal para a família Aguirre Queija. De manhã, todos tinham afazeres domésticos e, à tarde, as crianças iam aprender as matérias escolares. Para Amália a escola era um verdadeiro tormento.

> *Para ir à escola era necessário que minha saudosa avó me levasse pela mão até a porta e lá [eu] ficava chorando, porque as letras não me ficavam na cabeça. Gostava mais de ouvir as histórias de minha querida avó, que lhe chamava "mamãe Amália".*[56]

Emérita notou que sua filha se acostumara demais com a companhia da avó homônima e que já era tempo de ela se soltar desse laço afetivo, porque poderia sofrer muito se a perdesse; aos poucos foram necessárias mudanças de hábitos.

> *Um dia minha avó não me podia levar. Disse-me mamãe: "Vá com sua irmã à escola, porque sua avó não a leva, porque eu não quero. Onde já se viu tamanha menina precisar de pajem. Eu comecei a chorar e disse: Se ela não me levar eu não vou! Ó meu Deus, que desobediência formal, e não lha obedeci. Minha avó queria me levar, porém minha mãe não deixou,*

---

[55] Ibidem.

[56] Ibidem.

porque me dizia ela: É preciso que se desacostume, pois já não é mais nenezinha.
Foi preciso meu saudoso papai intervir e tive de ir à escola chorando, com minha irmã. Chorei todo o tempo e nada estudei! Ainda levei umas vassouradas, na cabeça, de nossa mestra, porque tinha o costume de bater. Lembro-me bem.[57]

A desobediência a sua mãe deixou Amália pesarosa. Para poder romper sua tristeza e dar espaço para o amor, pediu ajuda de Nossa Senhora.

Chegando a casa, estava aflita por causa da desobediência feita a minha mãe, queria pedir-lhe perdão para ir me confessar, pois assim ela nos ensinou, mas meu orgulho não me deixava. Eu o venci! Rezando três Ave-Marias, fui pedir perdão a minha mamãe. Depois, disse-lhe: "Deixe-me ir confessar com a Mãe Amália". Ela, sorrindo, disse-me: "Acabas de pedir perdão de uma teimosia, já começas outra?" Eu lhe respondi, com lágrimas, e fiquei quieta. Ela permitiu que eu fosse. Confesso que minha avó foi para mim o Anjo da Guarda, e eu não podia ficar longe desse anjo.[58]

Avó Amália acompanhou sua neta até a igreja para se confessar. Emérita educava sua filha para que não sofresse no futuro, para que fosse sempre uma mulher segura de si, sem pajem humana. Afinal, um dia todos partem dessa vida e os que são muito dependentes do outro sofrem muito.

Chegou a hora de me confessar. Fomos, e, enquanto não chegava minha vez, minha querida vovó me preparava, fazendo comigo o exame de consciência. Senti-me tão feliz ao lado dela! Ó meu Deus, como vos agradeço terdes me dado esta alma, que me ensinou a amar-vos! Vós, ó meu Deus, conhecendo minha fragilidade, vós vos servistes desta alma para me guardar e levar até vós.

---

[57] Ibidem.

[58] *Vida Íntima II*, 13-7-1932.

Voltando atrás, chegou minha vez de confessar. O Padre disse-me que não tinha necessidade de comungar sempre, que uma vez cada mês seria o suficiente, que a obrigação era uma vez cada ano. Como isso me doeu! [59]

Que triste notícia para Amália que ansiava comungar em todas as missas de domingo. Era o mínimo para ela. Na verdade queria todos os dias. O dia já havia começado difícil, por causa da conversa com sua mãe, Emérita. Agora o padre lhe dizer que a comunhão era mensal e, pior ainda, uma obrigação a ser feita apenas uma vez no ano... o desencanto calou fundo em sua alma. Chorou.

Que fazer em tal situação? Não sabendo calar meus desejos, saí chorando do confessionário, porém meu anjo estava a minha espera, e lhe expus o que o Sr. Pároco me tinha dito. Ela me disse: paciência, faz comunhão espiritual. Assim tive de fazer por muito tempo. Aquela vez fui comungar, e uma vez por mês continuei a fazê-lo. [60]

Bendita avó Amália, que moldava o coração de sua neta com verdadeiros ensinamentos cristãos! Ensinou-a a fazer comunhão espiritual durante a missa.

Cada dia mais crescia em meu coração o desejo da comunhão frequente, porém eu não tinha coragem de expor meus desejos, porque eu fui sempre muito acanhada. [61]

Para ter respostas para seus questionamentos religiosos, Amália rompia o acanhamento, criava cora-

---

[59] Ibidem.

[60] Ibidem.

[61] Ibidem.

gem e perguntava o que ainda não conseguia entender. Como aconteceu na época em que a vila de Riós recebeu missionários cristãos.

> *Uma vez, porém, uns santos missionários pregaram missão e lhes expus meus desejos de comungar todos os dias. Um deles me respondeu que, para comungar frequentemente, era preciso viver santamente.*
> *Ó palavras dolorosas! Jesus assim me quis provar que na realidade eu não merecia tal mercê, porém não me lembrava de ter deixado um dia sem comungar espiritualmente.*[62]

[62] Ibidem.

CUIDAR DOS QUE ESTAVAM ISOLADOS PELA SOCIEDADE

Ah! Onde aparece vossa misericórdia, ó meu Deus, senão na fraqueza! [63]

Amália estava mais crescida e foi destinada a levar uma cabra para a pastagem, um animal estimado pela família, pois fora presente do avô. Ao chegar ao campo de pastagem, ela encontrava mais pastorinhas. Sempre que uma delas aparecia, as outras saíam de cena, porque aquela pequena pastora era suja demais e tinha os cabelos repletos de piolhos. Amália se preparou para seguir os passos das outras pastoras e sair daquele lugar, mas o Senhor lhe disse para não fugir da menina.

> *"Em vez de fugir desta menina, deita-a em teu regaço e limpa-lhe a cabeça."*
> *Fazia isto com todo o prazer, de forma que, esta menina, cujo nome não falo porque acho falta de caridade, todos os dias me procurava para que eu lhe limpasse a cabeça. Isto continuou muito tempo, e eu já estava ficando enjoada de tanto matar esses bichinhos; um dia, disse à menina, que teria naquela ocasião 9 a 10 anos, que não me procurasse mais; porém ela persistiu em seu intento, e eu tive de dar fim nos tais bichinhos que me causavam tanto nojo.*
> *Essa história eu conto para mostrar não minha virtude, porque não a possuo; mas sim a graça da misericórdia de*

[63] *Vida Íntima I*, 20-8-1930.

Jesus para comigo, ensinando-me a santa caridade para com os que sofrem.
Porém, como já ficou dito, os desejos de praticar a caridade, em consolar os que choram, nunca foram satisfeitos. Jesus sempre estava a me encher a alma e o coração destes desejos, e eu sempre nula em praticá-los; nunca pude dar expansão aos desejos de Jesus em meu coração.
Dizia sempre: o que Jesus quer de mim, dando-me estes desejos? Eu os vejo irrealizáveis; pois não possuo nem virtudes, nem riquezas! Que fazer, ó meu Deus? Exclamei muitas vezes.[64]

Importante salientar que os desejos insuflados ao coração por meio de Jesus, na maioria das vezes, são difíceis de executar e muito menos de entender. É necessário uma dose de humildade para ser caridosa. A humildade maior é saber que, pela humanidade, é impossível executar a missão, pois as dúvidas aparecem, as comodidades são rompidas, a fuga pede passagem e é preciso ter os pés calçados com o ouro da benevolência para permanecer no lugar. É necessário saber que tudo vem do Senhor, especialmente as virtudes.

---

64 *Vida Íntima II*, 6-3-1931.

VISITAS A JESUS SACRAMENTADO

Uma das grandes virtudes espirituais na menina Amália era visitar Jesus Sacramentado, de manhã, pois à tarde ia para a escola. Ela, que recebeu a visita do Senhor Flagelado, não podia deixar de visitá-lo em sua morada, na igreja de Santa Maria. Seus colóquios com Ele eram de uma filha que ama o Pai.

> *Nisto sentia imensa consolação: quando ia visitar a Jesus, que era tão pouco visitado. Sentia grande pena em vê-lo preso no Sacrário! E quantas vezes lhe disse: "Meu Jesus, porque ficastes preso? Deixai-me tirar-vos desse esconderijo".*
> *Tive ímpetos muitas vezes de arrombar a pequena casinha, como eu chamava o Sacrário, levá-lo comigo, porque, pensava eu, Jesus em casa tem a Mamãe, Papai, vovó e eu que lhe faremos companhia. Sentia tanta pena de Jesus que chorava amargamente, quando era hora de fechar a Igreja e não o podia visitar à tardinha, quando eram tempos de alguma novena; do contrário ficava até a noite fechada.*[65]

Sempre que podia, por um caminho de terra, corria até a igreja de Santa Maria, que, cercada por túmulos, jazigos destinados às famílias de Riós, não era assim tão perto de sua casa. A estrada era sombreada por imensas árvores, que, no verão, suavizavam o calor dos passantes e, no inverno, ficavam desprovidas

[65] *Vida Íntima II*, 13-7-1932.

de folhas. Amália, em qualquer época do ano, fazia aquele caminho para ver seu amado, para que Ele não sentisse solidão.

> *Digo, com todas as veras de minha alma, que esta tristeza de ver Jesus ficar só me custou muitas lágrimas. Pedia a Nossa Senhora que lhe fizesse companhia. Esta Mãe era a que o consolava, porque eu dizia para mim: como Jesus não há de ficar triste de viver assim sozinho! Dizia então a Nossa Senhora que era a padroeira da paróquia: "Minha Mãe, fazei companhia a Jesus, não o deixeis sozinho".*[66]

A continuidade da visita e a intensidade de amor não passaram despercebidas pela Mãe Maria. Ainda mais porque aquela menina, que já caminhava para a fase da mocidade, mantinha pureza no coração. O amor da Mãe é sublime virtude para os que nela confiam. E... Amália confiava.

> *Um dia ela* [Nossa Senhora] *me fez sentir que eu podia ficar noite e dia fazendo companhia a Jesus. Então, ela me ensinou como devia fazer. A mim que nada entendia falou e não compreendi, porém repetiu de novo e compreendi. Primeiro, ela me disse: podes ficar dia e noite em espírito aos pés do Sacrário, fazendo companhia a Jesus de quem tens tanta pena. Como viu, porém, que eu não sabia como isto podia ser, ela me repetiu dizendo: quando estás na escola, longe da vovozinha, não pensas nela toda hora? Respondi-lhe que sim.*
> *Pois bem, o mesmo vais fazer de hoje em diante. Vais pensar em Jesus preso no Sacrário e assim, pensando nele, diz-lhes: aqui estou para vos amar e adorar por todos os que não vos amam e não adoram, que vos desprezam e vos injuriam!*[67]

---

[66] Ibidem.

[67] Ibidem.

Apreciemos que, em 1916, o Anjo de Portugal apareceu aos três pastorinhos: Lúcia, Francisco e Jacinta, com a Santíssima Eucaristia nas mãos, ensinou-lhes a oração: "Meu Deus, eu creio, adoro, espero e amo-vos. Peço-vos perdão para os que não creem, não adoram, não esperam e não vos amam". Uma oração que é parecida com a que Nossa Senhora ensinou para Amália fazer diante do Santíssimo.

> *Foi boa a lição para minha cabeça dura, pois, desde aquele dia em diante, criei alma nova e, a todo instante, pensava em Jesus. Para não me esquecer, na escola eu me lembrava do que a Mamãe do Céu me tinha falado da vovó, que, assim como pensava nela, pensasse em Jesus.*
> *Com isso eu não aprendia a lição, e, muitas vezes, eu fiquei de castigo, ficando uma hora presa na sala sozinha. As primeiras vezes eu chorei um pouco, porém depois comecei a gostar da prisão, porque sentia dentro de mim uma voz que me dizia: "Não te perturbes, porque, se assim és humilhada, é para minha glória".*
> *Nada entendia disto, nem procurava saber o que isto queria dizer. O caso que eu gostava de ouvir e com isto comecei a gostar da prisão, porém, logo que comecei a gostar, não a tive mais, porque a professora serviu-se de outras coisas.*[68]

---

[68] Ibidem.

HUMILHAÇÕES

A humilhação por que Amália passava, por não prestar atenção às aulas, fugia de seu entendimento. A professora a punia, por não saber que ela estava aérea porque espiritualmente se encontrava na igreja diante de Jesus, orando.

> *Vendo que não adiantava, [a professora] escreveu a meu saudoso pai um cartão, dizendo que eu era uma vadia e que não estudava! Que parecia uma apalermada e que ela não se responsabilizava por mim. Eu mesma fui a portadora do cartão.*
> *Papai leu e depois me disse que, se eu não estudasse, me tiraria da companhia de minha avó, pois era ela que me deixava assim. Comecei a chorar porque para mim tirar-me de minha avó era o castigo pior e insuportável que me poderiam dar.*[69]

A tristeza abriu passagem no coração de Amália. As lágrimas vertiam em sua face, porque não queria participar das aulas, não se preocupava em aprender as lições escolares, queria apenas estar diante do Altíssimo. Andrés interviu para que sua filha pelo menos tivesse o mínimo de aprendizado. Ela bem que tentou.

> *Prometi a papai estudar, porém foi inútil. Eu estudava, todavia minha cabeça não guardava as lições, de forma que fui muito humilhada pela professora, diante das me-*

[69] *Vida Íntima II*, 13-7-1932.

ninas. Cada vez que ia à escola, ia chorando, porque não compreendia o valor de tais humilhações; minha natureza e meu amor próprio se revoltavam com tais humilhações. Assim, passei 10 anos na escola e saí sem saber ao menos as quatro operações, pois, se soma eu quiser fazer, tenho de contar nos dedos; isto digo para que veja minha fraqueza e ignorância.[70]

[70] Ibidem.

A PARTIDA DOS PAIS

Em 1915, Amália tinha apenas 14 anos de idade. Seus pais Andrés Aguirre e Emerita Queija resolveram se mudar da Espanha para uma terra distante, para o Brasil. Com o casal, mudaram-se os filhos e alguns parentes. Como a avó Amália não tinha condições de viajar, sua fiel neta resolveu ficar em Riós.

A partida dos pais, irmãos e outros parentes marcou uma lacuna na vida da jovem, que se contentou em preenchê-la por meio da presença de sua avó, carinhosamente chamada de "mamãe Amália", e, principalmente, com a presença marcante de seu amado Jesus!

> *Ah! Jesus querido, lembra-te quando eu era mocinha, como me afagavas, eu só vivia para ti, em doce colóquio por dias e noites?* [71]

Andrés Aguirre e familiares chegaram ao porto de Santos e ali ficaram um tempo até encontrarem uma colocação de trabalho. Nesse período, Andrés se filiou ao Centro Espanhol. Uma nova vida os aguardava em terras brasileiras. Em Santos, esperavam uma oportunidade de trabalho.

---

[71] *Vida Íntima I*, 28-1-1930.

Um ano depois, Amália com 15 anos de idade, cuidava com esmero de sua idosa avó, que apresentou problemas de saúde. Era certo que deveria se casar para poder constituir família e continuar residindo na vila de Riós, pois, se sua avó falecesse, teria um marido e filhos para cuidar e ser cuidada.

> *(...) [Amália] chegou aos quinze anos, quando teve a segunda visita de Jesus, que vinha confirmar o primeiro convite, fazendo então que a Ele se consagrasse, coisas essas que ela sentiu, viu, mas não entendeu muito bem.*[72]

No primeiro mês do ano de 1918, Andrés, Emerita, Conha, Luiz e Júlia embarcaram no vapor "Rio de Janeiro" com destino à Bahia. O vapor, de madrugada, colidiu com outro vapor, o "Campinas" (seria isso um presságio?). A família foi resgatada pelo "Poconé". Chegaram sãos e salvos à Bahia.

---

[72] Dom Francisco de Campos Barreto. In: *Dossiê ao papa Pio XI, Histórico/ Relatório Irmã Amália de Jesus Flagelado (carta e atestados)*, p. 35A.

A GUERRA E A PANDEMIA

No ano de 1918, a I Guerra Mundial era avassaladora. O mundo sofria as consequências de tanto ódio, mortes, desespero. Toda guerra abre uma porta para todos os tipos de calamidades... é assustador. Nesse tempo, apareceu uma gripe estranha, iniciada nos Estados Unidos, cujo vírus foi denominado *Influenza*. Como a Espanha foi a primeira a divulgar a respeito, chamavam-na de Gripe Espanhola. Essa gripe tornou-se uma pandemia, com uma contaminação enorme. Além das mortes pelas batalhas da guerra, havia um rastro de doentes, enfraquecidos e muitos falecimentos por causa desse vírus. Alastrou-se pela Europa, correu países, capitais, infiltrou-se, até mesmo, nos pequenos povoados e chegou até Riós.

A dura realidade da vila marcou a alma da jovem Amália, que lutou bravamente junto com os que perdiam a saúde para um vírus tão sem controle. Nessa luta, no desgaste do tempo, as perdas foram grandes. As pessoas foram sepultadas como indigentes, em valas, porque não havia mais lugar no cemitério; corpos foram colocados em covas comunitárias, com apenas algumas pás de cal por cima, sem direito ao ritual cristão, nem mesmo a um registro de óbito no cartório local, pois era preciso o isolamento, para parar a contaminação.

Uma das grandes lições na vida de Amália foi a passagem da pandemia pela vila em que ela nasceu, no lugar que amava. Nessa tempestade, noite escura da humanidade, a morte ceifou muitos, inclusive sua avó. A mulher forte, guerreira, amorosa, religiosa, que lhe ensinou ter uma fé inabalável, que lhe mostrou os valores cristãos e moldou em sua alma o amor por Jesus e Maria, jazia em uma cova comunitária. Após isso, era preciso determinar o futuro: ficar em Riós ou partir para o Brasil.

> *Aos dezoito anos foi pedida em casamento. Ela, que pouco entendia das visões que teve, nada compreendia também de casamento, entretanto, em sua ingenuidade, inocência e ignorância do assunto, a ele não se opunha. Foi quando Nosso Senhor lhe apareceu novamente para lhe dizer que ela não era para se casar, a fim de cumprir o que lhe havia prometido em se lhe consagrando.*[73]

Amália, cansada, sem os pais, os irmãos e a querida avó, aceitou o pedido de casamento; assim ficaria na vila em que nasceu. Casar tornou-se seu plano.

> *Lembras-te, Jesus, quando meu coração ia-se voltando para a terra, quando aquele jovem queria esposar-me*[74] *o que me dissestes? Ah! Eu bem me lembro! Disseste-me: "um dia haverás de ser minha esposa e eu teu dedicado Esposo! Olha, sou eu que há de contentar teu coração!"*[75]

---

[73] Dom Francisco de Campos Barreto. In: *Dossiê ao papa Pio XI, Histórico/ Relatório Irmã Amália de Jesus Flagelado (carta e atestados)*, p. 35B.

[74] SÊDA, Rita Elisa. *Irmã Amália Estigmas, Êxtases, Mensagens & a Devoção às Lágrimas de Nossa Senhora*. Editora JAC: São José dos Campos-SP, 2021, p. 38.

[75] *Vida Íntima I*, 19-7-1930.

Os planos de Jesus para a alma que se abriu inteira para sua morada não foram esquecidos. E um deles era que Amália seria sua esposa. Seu coração bateu forte, com a lembrança dessa promessa, há tantos anos feita e que parecia enterrada no fundo de seu coração. Jesus sabe muito bem onde existe terra fértil no coração humano e a encontrou bem adubada no coração da menina Amália, onde lançou sua semente. Com discernimento, Amália desistiu de se casar e começou os preparos para se mudar definitivamente para o Brasil.

> *(...) passaram-se os dias, os anos, e meu coração cada dia se expandia mais e mais neste amor desconhecido, que reinava em meu pobre coração! Meu coração enamorou-se por esta voz misteriosa que a cada instante me segredava: Tu és minha e Eu sou teu!...*[76]

---

[76] *Vida Íntima I*, 3-7-1930.

Parte II

Brasil:

Terra de Santa Cruz Campinas

BRASIL TERRA DA SANTA CRUZ

Quem duvidará desta misericórdia infinita, que no alto da Cruz nos destes a conhecer e que no Sacrário a perpetuais. Sim, até o fim dos séculos! [77]

Um dos maiores problemas em viajar de navio era o alto grau de contaminação pelo vírus Influenza. Esperar a pandemia passar seria uma boa solução. Mas quem vive com fé tem ótimas decisões, e Amália resolveu pela viagem. Embarcou em um navio onde pessoas ficaram contaminadas, tripulantes espalharam o vírus, muitos chegaram doentes ao Brasil, na esperança de a gripe não ter chegado à Terra da Santa Cruz. Mero engano.

No dia 16 de junho de 1919, faltando um pouco mais de um mês para Amália completar 18 anos de idade, ela desembarcou no porto de santos e seguiu via gem marítima para Salvador. A família reunida novamente era uma grande bênção para os Aguirre Queija.

Passado algum tempo, a família resolveu mudar-se para o estado de São Paulo, exatamente para a cidade de Campinas. Desceram pela costa marítima brasileira e se alojaram em uma casa, na esperança de dias melhores.

---

[77] *Vida Íntima I*, 20-8-1930.

A jovem Amália não se esqueceu da caridade que ardia em seu coração, por isso sempre procurava ajudar os mais necessitados, ainda mais em tempo de pandemia. Mesmo com seu extremo recato, sua dificuldade com a língua portuguesa, sua falta de leitura, com voz baixa por causa da prótese no palato, procurava fazer o que havia prometido a Jesus.

A promessa maior ainda não conseguira atingir o objetivo: ser esposa de Jesus. Bateu de porta em porta em diversas congregações religiosas católicas, os Passionistas, os Dominicanos, e em todas elas recebeu uma resposta negativa a seu pedido de aceitação. Amália parou de procurar depois que Jesus lhe alertou:

> *Haverá uma comunidade de hábito azul e que fará muito bem ao mundo. Para essa congregação é que deverá entrar.*[78]

Enquanto não aparecia a congregação que Jesus lhe informara, ela continuava a fazer o bem para familiares, vizinhos, conhecidos e desconhecidos.

> *Ainda em família, ela se ocupava do catecismo às crianças, procurava os enfermos para os sacramentos e os sãos para se converterem à prática da religião.*[79]

[78] Dom Francisco de Campos Barreto. In: *Dossiê ao papa Pio XI, Histórico/ Relatório Irmã Amália de Jesus Flagelado* (carta e atestados); p. 36A. ACMC.

[79] Dom Francisco de Campos Barreto. In: *Dossiê ao papa Pio XI, Histórico/ Relatório Irmã Amália de Jesus Flagelado (carta e atestados)*, p. 35B.

Seu amor por Jesus era latente, não podia deixar um dia sequer passar sem que fizesse uma obra de caridade, catequizasse uma criança. Acostumou-se a ir à missa diariamente, algumas vezes na catedral, onde também algumas jovens se encontravam para falar do amor de Deus – quem liderava esse grupo era Maria Villac –, ou na igreja do Rosário, onde chegava mais cedo para se confessar. Foi nesta igreja, aos pés de seu confessor, que ela fez o voto de virgindade.

Durante as missas, várias vezes, as homilias do bispo dom Francisco de Campos Barreto a motivava permanecer firme em sua meta de ser esposa de Jesus. Mas... até quando teria de esperar? Isso ela não sabia. Não era de ficar fazendo perguntas a Jesus. Ela preferia que Ele viesse a ficar importunando-o com perguntas ou querendo d'Ele sinais misteriosos. Na verdade, desde sua Primeira Comunhão, desde a visita de Jesus em seu quarto, algumas vezes sentia dores internas. Quando isso ocorria, sabia que era a presença de Jesus em seu corpo e com ele poderia manter colóquios. Nada comentava com seus familiares, que, em vários momentos, encontraram-na no chão, sem movimentos. Assustados, prontamente procuravam éter para acordá-la, sem nem perceberem que era um êxtase, um arrebatamento espiritual.

Jesus queria conversar mais com sua querida Amália, sem interrupções de parentes que nada sabiam a respeito. Então, teria de ser à noite, ou melhor, de madrugada. Afinal, por ter 25 anos de idade, compreenderia melhor os ensinamentos que teria a lhe oferecer. Começou a aparecer, das 2h às 3h da madrugada.

O INSTITUTO

Se o bom Pai não tivesse vindo para Campinas, eu não seria religiosa. Como muito bem sabe, bati em diversos conventos e não fui recebida, e o Senhor me recebeu! [80]

A alma de Maria Villac exalava bondade. A caridade e a oração eram suas companheiras diárias. Educada com primor por sua avó madame Broisa, ansiava ser esposa de Jesus, assim como se tornaram várias mulheres da linhagem Villac. O fruto bom só nasce em árvores boas.

Ela ia para a periferia de Campinas, junto com amigas, com o propósito de catequizar as crianças, vestir os pobres, dar-lhes alimentos e cuidar deles. Tinha o padre Domingos Giovannini como diretor espiritual. A chama de amor que brilhou no coração dessas mulheres era imensa, tanto que decidiram criar um estatuto para que continuassem a exercer a caridade. Depois de escrito, no dia 22 de dezembro de 1925, apresentaram esse documento para dom Barreto, que aprimorou o regulamento.

(...) composta de senhoras e senhoritas da boa sociedade de Campinas, e que trabalhavam e expandiam seu zelo de

---

80 *Vida Íntima I*, 30-7-1930.

acordo com o regulamento que lhes dei, foi a consideração dos bons trabalhos e por muitas bênçãos merecidas por essas apóstolas do bem, que me levou a fundar o Instituto das Missionárias, nos moldes do Direito Canônico depois de Placet da S. Sé.[81]

O bispo campineiro, dom Francisco de Campos Barreto, nascido no bairro de Sousas, daquela cidade, era um primor em bondade e pastoreava com amor suas ovelhas. Consagrou ao Menino Jesus a nova congregação, o Instituto Missionárias, nas pessoas de Maria Villac, Josefina Braga, Lúcia de Souza Morais e Eutália Pitton, no dia 25 de dezembro de 1927. O passo seguinte foi informar o papa Pio XI a respeito do nascimento do "Instituto Missionárias de Jesus Crucificado", pedindo o Placet para essa nova congregação.

Ao esperar a resposta do Vaticano, o bispo e as religiosas da nova congregação procuraram conquistar mulheres que aceitassem ser consagradas a uma nova ordem religiosa. Era difícil porque a maioria, para não dizer... todas, queriam uma ordem que tivesse alicerces fundados há muitos anos, que já fosse consagrada pela Igreja e pelos fiéis.

Nesse mesmo ano, faleceu Andrés Aguirre, deixando a família Aguirre Queija enlutada. A dor era grande para todos os familiares.

Amália continuava com seus colóquios noturnos com Jesus, fazia obras de caridade, dominava um pou-

---

[81] Dom Francisco de Campos Barreto. In: *Dossiê ao papa Pio XI, Histórico/ Relatório Irmã Amália de Jesus Flagelado (carta e atestados)*, p. 35B.

co mais a língua portuguesa e participava das missas diariamente. Durante uma homilia de dom Barreto, soube da criação de uma nova congregação, cujas religiosas iriam usar hábito azul e véu branco e cujo nome era em honra a Jesus Crucificado. Deixou de lado seu acanhamento e procurou o bispo para conversar.

> *Quando tratei de fundar o Instituto, a Irmã Amália pediu-me para nele entrar com a primeira turma. Apesar de sua aparência humilde e do defeito que citei* [a placa metálica no palato], *depois das boas referências que sobre ela tive, aceitei.*[82]

[82] Ibidem.

A CASA-MÃE

A nova congregação precisava de uma casa para poder começar suas atividades. A família Villac ofereceu parte do Hotel d'Europe para ser a Casa-Mãe do Instituto Missionárias de Jesus Crucificado, situado à Praça Bento Quirino.

> *Assim* [que] *autorizado* [o Instituto], *combinei com d. Maria Villac a abertura do Instituto em sua residência à R. Dr. Quirino, depois das reformas convenientes do prédio.*[83]

A Casa Mãe foi adaptada para receber as religiosas fundadoras. Ficaram determinados os cômodos: capela, salas, cozinha, refeitório, pátio, celas e banheiros. Depois de receber a devida autorização do papa Pio XI, a fundação solene do Instituto aconteceu no dia 3 de maio de 1928, dia da Festa da Santa Cruz. As oito primeiras noviças se mudaram para o prédio.

> *Assim foi que, em 20 de abril desse ano* [1928], *entravam para o noviciado das Missionárias as senhoritas acima nomeadas* [Maria Villac, Josephina Braga, Lúcia de Souza Moraes e Eutália Pithon] *e mais Amália Aguirre* [Queija], *Francisca Prado e Conceição Oliveira e Delminda* [Delminda Pinto].[84]

---

[83] Dom Francisco de Campos Barreto. In: *Livro do Tombo Diocese de Campinas,* 1922-1939, p. 52B.

[84] Ibidem.

Dali a poucos dias, em 11 de maio, as noviças receberam seus hábitos azuis, como profetizou Jesus a sua querida Amália. Naquela época, 11 de maio era o dia em que o papa São Pio X determinou que fosse festa comemorativa de Nossa Senhora da Conceição Aparecida, Rainha do Brasil. Os nomes escolhidos pelas primeiras noviças foram: Maria do Calvário; Amália de Jesus Flagelado; Josefina do Coração Chagado de Jesus; Eutália de N. S. das Dores; Lucia de Jesus Crucificado; Francisca das Cinco Chagas de Jesus; Conceição de Jesus Agonizante; Delminda da Santa Cruz.

> *O Instituto, que devia crescer e se formar no Espírito de Jesus Crucificado, nome cujas glórias e cujos triunfos devem levar por toda a parte, devia ter como principal padroeira Nossa Senhora das Dores, São Miguel, São José, São João Evangelista, São Francisco de Sales, Santo Cura D'Ars, São Luiz de Gonzaga e Santa Teresinha do Menino Jesus, cada padroeiro, grande por sua significação na vida e fim do Instituto.*[85]

Ao ingressar na Casa Mãe, Amália deixou definitivamente o aconchego familiar, sua mãe e suas irmãs. Era um passo importante em sua vida. Ela havia se comprometido com Jesus, casar-se com Ele. Tornou-se noiva, precisava de um tempo até que fosse para o altar e se tornasse esposa do Crucificado.

As noviças do Instituto usavam hábito somente den-

[85] Documento escrito por Dom Francisco de Campos Barreto. In: *A Origem do Instituto das Missionárias de Jesus Crucificado*, Páginas Avulsas, p. 1. ACMC.

tro da Casa Mãe. Na rua, trajavam saia, camisa, blusa, meia, sapatos, no peito uma corrente com um Crucifixo.

> *Onde os interesses de Jesus Crucificado reclamam o zelo das Missionárias, aí apresentam-se elas, para preparar os caminhos e para se consumar o exercício do poder sacerdotal. Para isso fazem elas o sacrifício de saírem à rua, vestidas de senhoritas, mas com grande modéstia e graciosidade.*[86]

No mesmo ano, em setembro, foi a vez de receberem o hábito as primeiras religiosas oblatas internas, que executavam o serviço doméstico.

Na Constituição do Instituto Missionárias de Jesus Crucificado, foram alavancados três votos para as missionárias: *Obediência, Pobreza e Castidade*. Em sua sapiência divina, dom Francisco de Campos Barreto aconselhou as novas religiosas a, individualmente, fazerem também os votos de Mansidão e o da devoção a Maria, inclusive cantar por toda a parte seu poder e suas glórias. Os votos oficiais e os individuais foram feitos por todas as missionárias.

[86] Dom Francisco de Campos Barreto. In: *Dossiê ao papa Pio XI, Histórico/Relatório Irmã Amália de Jesus Flagelado (carta e atestados)*, p. 31B.

A FEBRE

Ó Sangue de meu Deus, lavai-me, purificai-me, dai-me força para detestar o pecado e abraçar a virtude.[87]

As promessas do Filho de Deus são escritas a fogo, em um pergaminho que paira na Eternidade. As areias do tempo são manipuladas por Ele, em pleno conhecimento da época e do lugar.

Sim, Ele controla tudo. Seria fácil demais se só dependesse d'Ele, pois sabe o que é melhor para o Ser Humano. Porém nossa pequenez se torna grande para Ele. O Eterno Pai, unido a Jesus, conhece nossos limites e, por incrível que pareça, aceita-os. Ele não é mandatário, não determina o que é vontade d'Ele e pronto. Por isso, para que seja executado um *start*, um começo, Ele pergunta ao Ser Humano se quer ou não, se aceita ou não. Precisamos estar atentos às perguntas que, geralmente, são emitidas dentro de nossa alma, por meio do pensamento.

Isso mesmo, nosso livre arbítrio é uma condição plena, humana. Somos nós que decidimos, avaliamos nossa condição humana e respondemos conforme nossas possibilidades, nossos aprendizados, medos, nossas qualidades, nossa fé e tudo que temos para uma

[87] *Vida Íntima I*, 21-7-1930.

autoavaliação. Deus não é sádico, nem perverso. Ele respeita nosso querer. Conhece nossos pensamentos, nossas ações, nossos desentendimentos, nossa fé, nossos tropeços, nossas dores, nossas vitórias. Nosso tempo e espaço são diferentes dos d'Ele. Ele espera, aguarda, para que o tempo chegue e se cumpra o que tem certeza de acontecer, porque foi dado o "Sim", o *Fiat*, humano. O d'Ele ressoa na Eternidade. O nosso é limitado.

Dentro desse limite de tempo, a criança Amália, de apenas 10 anos, ao receber sua Primeira Comunhão, ao ver Cristo brilhando na Hóstia Santa, quando Ele foi entronizado dentro de seu coração, disse seu *Fiat*, seu "Sim". Permitiu. E Jesus se fez harmonia no humano, na plenitude do momento que pode parecer breve para nós. Nessa hora divina, a criança Amália ouviu claramente a promessa de uma visitação, no horário da Misericórdia disse o "Sim".

Ela, menina ainda, ansiou pela visita que chegou na hora marcada. Cumpriu a promessa. Amália não entendia o que Jesus Flagelado, que carregava uma enorme Cruz, dizia-lhe, pois Ele profetizou mistérios que ela tentou ao longo dos anos executar, pensando que dependia dela. Engano. Toda promessa de Jesus tem apropriação temporal humana e atemporal divina.

O tempo passou, e Amália quase se casou. Voltou à promessa. Mudou-se para terras distantes. Cumpriu-se uma promessa. Procurou meios de ser esposa de

Jesus, bateu à porta das congregações. Jesus fez outra promessa. Recebeu o hábito azul. Por meio dele, conquistou a vitória de uma grande promessa... ser Esposa de Jesus. Seu coração estava em festa. Dormia tranquila em sua cela na Casa Mãe. E havia mais promessas a serem cumpridas. O tempo "mais tarde" chegou!

Amália tinha se acostumado a ter seus colóquios com Jesus, entre 2h e 3h. Continuou sua rotina de conversas com seu Amado. Passados poucos meses na moradia Casa Mãe, era madrugada de 15 de agosto, dia de Nossa Senhora da Boa Morte, dia da Dormição de Maria, Amália não conseguia dormir por causa de uma febre. Não se importou. Esperou. E a febre não cedeu, ao contrário, aumentou. Precisava ser medicada. Pediu ajuda.

Madre Villac presente, atenciosa, aferia a temperatura da noviça Amália. Madre era responsável pelo recém-instituto, zeladora das noviças. A temperatura subia demais e foi preciso avisar dom Francisco de Campos Barreto. Ele, imediatamente, foi até o Instituto Missionárias de Jesus Crucificado para ajudar.

> *Chamou atenção minha, como das irmãs, o fato extraordinário de uma temperatura de 43 a 44 graus que, assim como descia, também subia. Essa temperatura foi verificada, diante de mim, por quatro religiosas, sendo curioso que, diante do médico, acusou-se 40 graus. Não menos curioso foi o fato de se arrebentar uma vez um dos termômetros para a verificação da temperatura.*[88]

[88] Dom Francisco de Campos Barreto. In: *Dossiê ao papa Pio XI, Histórico/Relatório Irmã Amália de Jesus Flagelado (carta e atestados)*, p. 31B.

Ao contrário do que muitos pensam, a febre não é uma doença. Na verdade, ela é um mecanismo de defesa do organismo, que é ativado quando há algo de errado com ele, o que ele entende por ameaça, presença de algo estranho. Para que uma pessoa seja identificada como febril, é necessário que sua temperatura corporal ultrapasse os 37,8ºC. Temperaturas a partir de 39ºC são consideradas febre alta e são motivo de ficar em alerta.

Por ser um sintoma, e não uma doença, o tratamento da febre vai variar de acordo com o que esteja causando-a. O próprio sistema de defesa do organismo consegue se livrar do que causa a febre, não tendo necessidade de utilizar medicamentos para combatê-lo. Porém, em casos mais graves, o medicamento deve ser prescrito por um médico, não sendo correto buscar automedicação.

O responsável por essa resposta a algo errado, nosso mecanismo de defesa... é nosso cérebro. Nele, há uma estrutura chamada *hipotálamo anterior*, que, entre suas funções, é um termostato do corpo. Ou seja, trata-se de um regulador natural de nossa temperatura, mantendo o equilíbrio entre a produção e a perda de calor. Mantém a temperatura interna em torno de 37ºC. O hipotálamo é uma pequena estrutura do encéfalo que desempenha uma série de importantes funções no organismo, entre elas, atuar no *relógio biológico*, na produção de hormônios que serão secretados pela *neuro-hipófise* e pela *ocitocina*.

A ocitocina também está ligada ao vínculo entre mãe e filho e ao vínculo entre casais. Podemos citar ainda que, juntamente com outros neurotransmissores, diminui as respostas de ansiedade e estresse nas interações sociais, garante uma melhor satisfação entre casais. Está relacionada com o desenvolvimento de confiança, generosidade e empatia. Por isso, e vários outros fatores, é denominada Hormônio do Amor.[89]

Por incrível que pareça, a temperatura corporal da noviça Amália foi até 44 graus. Chegou ao ponto de um termômetro estourar. Ela não demonstrava cansaço nem desânimo. Mesmo assim foram feitas intervenções médicas. Doutor Falcão de Miranda, doutor Clóvis Peixoto e também o doutor Cunha Campos, que estiveram na cela e não constataram o motivo da febre, medicaram-na com antitérmicos e aconselharam um bom repouso para sua melhora.

Dois dias depois, a febre começou a baixar um pouco. Dom Barreto, com receio de que a noviça faleceria, voltou ao Instituto para preparar sua alma.

> *Nessa madrugada, temendo pelo desenlace fatal, ouvi a Irmã em confissão e dei ordem para, no caso de morte, ela professasse. Não deixo de falar que, no dia seguinte, ela não se lembrava de nada, nem da confissão, que, aliás, fez muito consciente e bem-feita, ao menos aparentemente.*[90]

---

[89] In: site: Brasil Escola. Ocitocina Hormônio do Amor.

[90] Dom Francisco de Campos Barreto. In: *Dossiê ao papa Pio XI, Histórico/ Relatório Irmã Amália de Jesus Flagelado (carta e atestados)*, p. 31B.

OS ESTIGMAS

Amália só melhorou no fim de semana, sábado e domingo, dias 18 e 19, e pôde participar das missas e comungar. A normalidade voltou ao Instituto. Na segunda-feira, dia 21 de agosto, logo após a comunhão, algo surpreendente aconteceu.

> *(...) sucedeu o facto singular da Irmã Amália, após a comunhão do dia 21, sentir abrir-se sobre o peito esquerdo um corte, a maneira dos estigmas já conhecidos da Igreja em São Francisco de Assis, Gemma Galgani, e outros, do qual saía sangue e que foi verificado por Madre Maria do Calvário, a qual a Irmã sentiu o dever e a necessidade de revelar o que acontecia.*[91]

Dom Francisco Campos Barreto citou São Francisco de Assis e Santa Gemma Galgani nesse texto, que faz parte da carta que enviou ao papa Pio XI, anexada ao dossiê sobre a vida da Irmã Amália, porque conhecia muito bem a vida desses dois santos. São Francisco, pouco antes de receber os estigmas, passou por temperaturas corporais altíssimas. Santa Gemma, logo depois de comungar, foi avisada por Jesus que naquela noite ia receber os estigmas. O primeiro foi do lado esquerdo do peito, depois vieram os das mãos e dos pés.

---

[91] Dom Francisco de Campos Barreto. In: *Dossiê ao papa Pio XI, Histórico Relatório Irmã Amália de Jesus Flagelado (carta e atestados)*, p. 31B.

Nessa época, em 1928, na Itália, o franciscano capuchinho, padre Pio, sofria as dores da Paixão e seus estigmas eram visíveis.

O passar dos dias foram marcados no corpo da noviça Amália, com pregos e lança.

> *Continuando o assunto dos estigmas, declaro que, em dias sucessivos, os estigmas foram aparecendo nos joelhos, nas mãos, no dorso e na planta e também na coxa direita, lado de fora. O estigma do peito é um pouco maior, os outros das mãos e dos pés oferecem cerca de dois centímetros de comprimento.*[92]

Dois centímetros de comprimento. Você já imaginou um furo de dois centímetros em suas mãos? O amor supera a dor. Em Amália, surgiram os estigmas nos joelhos, originários das quedas que Jesus teve por causa do peso da Cruz, e um corte na coxa direita, devido à flagelação. O nome escolhido por Amália para se tornar Esposa de Jesus não podia ser outro: Amália de *Jesus Flagelado*. Ficou estampada, em sua memória, a imagem do Crucificado, ali em seu quarto, todo flagelado, sangrando, levando a pesada Cruz. Ela queria tocá-lo, e Ele não permitiu. Agora, fazia parte do corpo dela, tornou-se um corpo místico humano, um corpo místico divino. Um mistério que, até hoje, só os que passam por esse processo de Amor podem avaliar. Para que a flagelação ficasse mais impregnada em si, depois de alguns dias, Jesus patrocinou a coroa, igual a que Ele

---

[92] Dom Francisco de Campos Barreto. In: *Dossiê ao papa Pio XI, Histórico/ Relatório Irmã Amália de Jesus Flagelado (carta e atesrtado)*, p. 32A.

recebeu na flagelação. O sangue, que jorrava de sua cabeça, ora em forma de coroa entrelaçada, ora em cravos escorrendo sangue, ora em suor pela testa ou pelo rosto todo, coroou Amália. Por causa disso, algumas providências foram tomadas: não deixar a noviça Amália sozinha, cuidar dela, falar do acontecimento com as outras noviças e impor silêncio a elas.

Amália precisava de um acompanhamento espiritual, de um sacerdote que a ouvisse em confissão e a ajudasse a discernir os acontecimentos. O importante foi que o próprio Jesus, conhecendo as limitações humanas, até mesmo daquela, cujo coração era um canteiro de santidade, viu que ela carecia de ajuda.

> *Foi o próprio Jesus quem lhe disse precisar atualmente de um diretor* [espiritual], *visto como Ele havia revelado ao público as graças extraordinárias que lhe vinha concedendo. Que antes, quando tudo era oculto, ela não precisava de diretor, mas que, agora, isso lhe era necessário para bem guiá-la. Que ao diretor prestasse toda a obediência e que esse diretor seria o fundador do Instituto que é quem essas linhas escreve.*[93]

[93] Dom Francisco de Campos Barreto. In: *Dossiê ao papa Pio XI, Histórico/Relatório Irmã Amália de Jesus Flagelado (carta e atestado)*, p. 32A.

O DIRETOR ESPIRITUAL

Desde então, dom Francisco de Campos Barreto passou a ser o diretor espiritual da noviça Amália. Ele a escutava em confissão, ouvia-a com atenção, aconselhava-a, fazia-lhe perguntas. Precisava conhecer melhor aquela mulher de apenas 27 anos de idade que era sempre tão quieta, cheia de escrúpulos, casta, que se guardou para ser Esposa de Jesus, e quem foi seu Anjo protetor, que tinha sempre os olhos sobre ela, a quem ela chamava de mamãe... sua avó Amália.

> *(...) seu grande amor à pureza, virtude que ela, por graça especial de Deus (e que, segundo ela, devia isso a sua santa mãe, sempre vigilante), conserva intacta e perfeita como saiu das águas lustrais do baptismo. Ignorando tudo que possa macular a santa pureza, ela é cuidadosa em nada querer saber das cousas do mundo, tendo ainda, apesar de seus 27 anos, acanhamento de se referir a qualquer incômodo próprio de seu sexo.*[94]

Era preciso fazer uma avaliação médica em Amália enquanto os estigmas estivessem abertos. Compareceu à cela o doutor Falcão de Miranda, que a examinou no dia em que ela estava com febre alta. Ao verificar os estigmas, ele atestou que não havia

[94] Dom Francisco de Campos Barreto. In: *Dossiê ao papa Pio XI, Histórico/ Relatório Irmã Amália de Jesus Flagelado (carta e atestados)*, p. 31B.

entidade mórbida nesse fenômeno, disse que não se tratava de um caso clínico e que nem essas cicatrizes-estigmas apresentavam os sintomas das cicatrizes comuns, que são acompanhadas de dor e inflamação. Fez menção de que, se não fosse um fenômeno espiritual, poderia ser algo simulado pela noviça. Que grande ataque àquela que sofria as dores dos estigmas e que aguentava quieta a curiosidade das pessoas! Amália não se calou. A menina acanhada contestou, mostrando que, quando Jesus se faz presente no corpo de alguém, não existem dúvidas e não se aceita injustiça:

> *"Simular o quê?" Uma pessoa em sã consciência, de juízo normal, não iria "desejar" tamanha tortura.*[95]

Fosse de noite ou de dia, sem horários definidos, os estigmas apareciam na noviça Amália, os martírios da Flagelação e da Crucificação eram estampados em seu corpo. Sua vigília era completa. No compasso da espera, sabia que, quando houvesse a manifestação das chagas de Cristo em seu corpo, um pecador precisava de conversão, uma reparação deveria ser feita pelos pecados cometidos contra o Corpo de Jesus. Aguentava a dor, porque expiar os pecados, por meio da dor, era um compromisso quase que diário.

> *É de notar que as mais das vezes esses estigmas têm aparecido estando a irmã em sua vigília normal. Ela diz sentir*

[95] *Correio Paulistano*, Campinas-SP, 17 de novembro de 1928, p. 6.

> *que N. S. lhe anuncia a necessidade de com Ele sofrer por um pecador ou um sacrilégio etc., e com isso vêm lhe a dor e os estigmas.*[96]

Fim de agosto, dias e noites, a noviça Amália teve companhia de uma irmã e, até mesmo da madre Maria do Calvário, mulher forte que tinha a sapiência por meio do Espírito Santo. Muitas vezes, o bispo campineiro, dom Barreto, fazia-se presente. Observava, analisava, escrevia e, principalmente... orava.

> *(...) logo que passa a dor violenta de que a Irmã padece, fecham-se as cicatrizes notando-se que a da testa nunca deixa vestígios, como se observa no peito, nas mãos e nos pés, nos quais se distingue bem o lugar onde aparecem os estigmas; mais no dorso que nas palmas das mãos e dos pés.*[97]

Os dorsos das mãos foram onde ficaram as marcas profundas dos cravos, durante a crucifixão. Os estigmas em Amália desapareciam sem deixar uma cicatriz se quer.

---

[96] Dom Francisco de Campos Barreto. In: *Dossiê ao papa Pio XI, Histórico/Relatório Irmã Amália de Jesus Flagelado (carta e atestados)*, p. 32A.

[97] Ibidem.

ÊXTASES

Que ventura a minha ser chamada. Meu corpo a quem pertences? A Deus, só a Deus. Desprezei os prazeres que o mundo me podia oferecer para dar-me a Jesus! [98]

No último dia do mês de agosto, no Instituto Missionárias de Cristo Crucificado, naquela cela, deitada em sua simples cama, a noviça Amália apresentou uma novidade. Madre Maria Villac era quem estava, em vigília, com ela.

Dias depois do aparecimento dos estigmas, a 30 de agosto, a Madre notou que a Irmã em condições anormais estava dizendo qualquer coisa. Verificando-se, viu que ela estava em êxtases perfeito e que, nessa ocasião, meditando, discorria sobre assuntos vários, tendo visões e revelações a respeito do Instituto etc. Só então ela, por obediência, começou a contar as graças de sua vida passada. [99]

Suas palavras eram fruto de um estado espiritual místico; Amália estava em êxtase! Fenômeno descrito como se arrebatar, sair de si, elevar-se. Ela se anulava para ter uma identificação divina. Nessa condição mística, tinha se ajustado ao infinito de Deus, fazia dissertações dignas de uma doutora da Igreja.

---

[98] *Vida Íntima I*, 20-8-1930.

[99] Dom Francisco de Campos Barreto. In: *Dossiê ao papa Pio XI, Histórico/Relatório Irmã Amália de Jesus Flagelado (carta e atestados)*, p. 32B.

> *Extraordinárias e comoventes são as meditações por ela feitas sobre a S. Paixão, quando em êxtases. Mais extraordinários ainda, saber-se que toda doutrina que ela expende em êxtases é perfeita, não se afastando uma palavra dos ensinamentos teológicos; tudo isso em desacordo com a cultura da Irmã, que, em vigília, como experimentei, é incapaz de duas linhas sobre qualquer dos assuntos, convenientemente e com acerto, tratados por ela em êxtases.*[100]

Ainda criança, Amália fazia companhia ao Santíssimo, diariamente, e contemplava-o. Ali, naquela igreja Santa Maria, em Riós, ela repetiu, durante horas e horas, anos e anos, a oração que Nossa Senhora ensinou: "Senhor, aqui estou para vos amar e adorar por todos os que não vos amam e não vos adoram, que vos desprezam e vos injuriam!"

Por causa desses momentos de plena atenção e carinho com Jesus, foi humilhada na escola, com castigos, pois nada aprendeu além da alfabetização normal e da matemática, que precisava contar nos dedos. Por isso passou a ser uma jovem retraída, depois uma mulher acanhada, quieta, que não falava muito.

Mais uma vez, o "mais tarde... mais tarde" precipitou na vida de Amália como uma chuva, que nutre a terra ressequida pelo desprezo, magoada pelo pouco estudo, a plena sabedoria divina. *O infinito de Deus, que se uniu ao espírito de Amália, trouxe a marca das palavras de Jesus, no dia em que ela foi castigada na escola: não te perturbes, porque se assim és humilhada*

100 Idem, p. 32B, 33A.

é para minha glória. Chegou a hora, e a glória de Deus se fez presente para Amália.

Normalmente durante os êxtases sentia as dores e os estigmas internos. Suas dissertações feitas em êxtases mostravam elevado conhecimento teológico. Dom Barreto ficava em vigília com ela, para entender o fenômeno; era surpreendente, porque ele a conhecia, sabia o quanto Amália era limitada nos estudos, no entendimento. Decidiram anotar tudo que ela falava durante esses momentos de êxtase. Para isso, madre Maria Villac (Maria do Calvário) ficava na cela para ouvir e ajudar madre Josefina do Coração Chagado de Jesus a entender as palavras para que fossem anotadas em um caderno. Durante esse processo, algumas vezes elas faziam perguntas para Amália. Era madre Josefina quem escrevia. Nesses primeiros êxtases, as mensagens eram alerta para que a humanidade tivesse mais fraternidade, para que o espírito de piedade se manifestasse mais amplo e luminoso para a verdadeira glória de Jesus.

> *As pessoas presentes ouvem as dissertações que faz em voz baixa e pausada, porém, inteligível, como ouvem as perguntas feitas a N. Senhor, feitas por ela ou provocadas por outras.*[101]

---

[101] Idem, p. 33A.

O SOFRIMENTO

O amor por meio da Paixão de Jesus estava estampado no corpo de Amália. As madres, noviças e o bispo observavam os fenômenos místicos nela e compreendiam mais sobre a força espiritual que emanava. Dom Barreto deixou registrado:

> *Ela sofre uma dor espiritualmente manifestada quando o assunto é a grande Paixão, e uma dor de amor, na qual ela declara não dever gemer para não faltar com a generosidade. Embora, às vezes, um tremor perpasse pelo corpo e o abale, com a transfiguração de seu rosto, ainda assim a impressão é de paz, de compunção de fé e de amor por aqueles a que tal cena assistem.*[102]

O aprendizado era grande para todos que residiam no Instituto. Viram que, durante os momentos de êxtases, Amália sofria conforme lhe aparecia Jesus Cristo, de acordo com os passos da paixão. O sofrimento era grande, e todos os que assistiam aos êxtases sabiam disso. Terminado o êxtase, Amália voltava ao que era antes: uma noviça que tinha a simplicidade de uma campesina espanhola, sem grandes estudos. Um contraste gritante com a mulher em êxtase que pronunciava aulas de teologia.

---

102 Dom Francisco de Campos Barreto. In: *Dossiê ao papa Pio XI, Histórico/Relatório Irmã Amália de Jesus Flagelado (carta e atestados)*, p. 32B.

Notável, entretanto, é o fato de a Irmã, após os êxtases, não se lembrar das dissertações que faz, quando se lembra das respostas que diz N. Senhor lhe haver dado a todas as perguntas que antes lhe fazia.[103]

Ficou anotado por dom Francisco de Campos Barreto como eram as reações de Amália durante os êxtases.

Não dorme, porque responde às perguntas que lhe são feitas; não sonha, porque lhas responde com inteligência; não está desperta, porque não sente dores físicas, produzidas por fricções e picadinhas de alfinetes.[104]

---

[103] Ibidem.

[104] Idem, p. 33B.

PERCEPÇÃO EXTRASSENSORIAL

Dom Francisco de Campos Barreto tinha amigos no clero que souberam da estigmatizada Amália e pediram conhecê-la, especialmente no momento em que ela estivesse em êxtase. Ele consentiu, pois eram sacerdotes de sua inteira confiança: padre Irineu Moura, jesuíta, e o reitor do *Seminário Imaculada*, em Campinas, monsenhor Jerônimo Baggio. Os dois foram avisados quando a noviça Amália se encontrava em êxtase e rumaram para o Instituto.

> *O fato é que, ao chegarmos ao convento, terminou o colóquio. Na mesma noite, a Irmã, sem que ninguém lhe houvesse falado em sua cela, perguntou à Madre quem eram aqueles padres que haviam estado lá. A madre negou o fato, e ela contestou, afirmando que N. Senhor lhe havia mostrado os mesmos que transpuseram a porta da rua e subiram a escada da casa.*[105]

A presença divina, durante os êxtases, contempla o mundo em sua totalidade. Tudo vê, nada escapa. Madre Maria do Calvário sabia que os dois sacerdotes estiveram no Instituto e prometeu a Amália que eles não voltariam.

Ao longo dos anos, ela deixou que as mãos do oleiro a moldassem. Foi preciso esvaziar-se de si, ficar oca,

---

105 Dom Francisco de Campos Barreto. In: *Dossiê ao papa Pio XI, Histórico/ Relatório Irmã Amália de Jesus Flagelado (carta e atestados)*, p. 32B.

ser um nada, humilhada, quieta, sem atrativos, para que fosse preenchida pela Divindade, que, ao tocar nela, transmitiu a sabedoria infinita, a compreensão do passado, presente e futuro. Tornou-se uma janela aberta para o absoluto, saciou sua sede de Deus, que se saciou no humano. Então, diante da promessa feita pela madre Maria do Calvário de que aqueles dois sacerdotes não voltariam, respondeu-lhe que eles voltariam sim, no dia seguinte, mas que Nosso Senhor não falaria diante deles, porque ainda não era chegada a hora de as pessoas de fora assistirem aos êxtases.

Na compreensão da madre, não precisava comunicar essa resposta para dom Francisco de Campos Barreto; também não a comentou com outras pessoas. Era caso encerrado. Porém, no dia seguinte, sem ser combinado, na hora em que Amália se encontrava em êxtase, dom Barreto levou os dois sacerdotes até o Instituto.

> *E, lá chegando, a Irmã, de costas para a porta, cessou o colóquio e perguntou à Madre que padres eram aqueles que lá estavam e que era inútil insistirem, porque N. Senhor não queria outras pessoas nesse ato, além do Bispo fundador e das Irmãs.*[106]

Não adiantava insistir. Então, os dois sacerdotes foram embora do Instituto. Dom Barreto discerniu a respeito e não mais levou pessoas do clero ou amigos pessoais para assistir aos êxtases. A informação era de que ainda não chegara a hora; por enquanto somente

[106] Ibidem.

o bispo campineiro e as missionárias do Instituto podiam ver seus fenômenos místicos. Algumas vezes, nos momentos de êxtase, dom Barreto perguntava algo referente à vida dele e recebia a resposta.

> *Ela tem algumas revelações no céu, além de outros avisos. Há algumas coisas ditas de minha vida que só eu e Deus sabemos; coisas aliás reais e verdadeiras.*[107]

---

[107] Ibidem.

PRIMEIRAS MENSAGENS

Ah! Meu bom Jesus, se os homens vos conhecessem e se soubessem o quanto é bom viver à sombra de vossa Cruz! [108]

Madre Josefina escrevia as mensagens que a noviça Amália em êxtase falava. Em algumas delas, colocou entre parênteses que foi perdido, pois ela falava com voz suave, não repetia. No dia 15 de setembro de 1928, a mensagem foi a respeito do amor que os sacerdotes deveriam ter à Santíssima Trindade. Alguns deles não possuíam o verdadeiro amor, e esse espinho da impureza gerava dor em Amália. Também a juventude se inclinava para os antros do inferno. Ela reparava esses pecados por meio da coroa de espinhos de Jesus. Amália pedia que a humanidade aceitasse a pureza tirada do Coração de Jesus, porque, por meio dela, haveria a conversão dos pecadores. É preciso aproveitar o tempo em que a Misericórdia de Jesus está atuando.

No dia 24 de outubro, Amália disse que a missionária devia sempre ter água para matar a sede de seu esposo Jesus, porque Ele tem sede de Almas.

---

[108] *Vida Íntima I*, 13-7-1930.

(...) Ah! Jesus amado, eu não sei matar esta sede. Ah! Jesus, eu vos vejo no altar, na Cruz, dizei-me: "Ah! Sentis sede, muita sede, Jesus, do amor que saiba corresponder a vosso amor". Ah! Jesus amado! Um amor que mata esta sede, não um amor indiferente e insensível. Ah, sim, que quereis, ó Jesus, de mim. Eu vejo que vós me pedis água, ó Jesus, água. (...) Ah! Jesus amado! Se quereis que eu derrame todo o meu sangue para vos fazer amar, eis-me aqui para fazer vossa vontade.[109]

Nos dias 12, 13 e 14 de novembro de 1928, as manifestações dos estigmas foram tão fortes em Amália, ela sofreu as dores da paixão com tanta intensidade, que até mesmo houve dificuldade de andar. As dores foram terríveis. A saúde dela ficou abalada, e ela precisou de ajuda para caminhar. Os estigmas abertos acarretaram muita dor e muito sofrimento.

---

[109] Dom Francisco de Campos Barreto. In: *Dossiê ao papa Pio XI, Histórico/Relatório Irmã Amália de Jesus Flagelado (carta e atestados)*, p. 33A.

MÍDIA SENSACIONALISTA

Por mais que escondessem, que tentassem falar baixinho, não teve como esconder que, no Instituto Missionárias de Jesus Crucificado, havia uma noviça que tinha as marcas da Paixão de Cristo. De um dia para o outro, era manchete de primeira página nos periódicos de Campinas e, até mesmo, nos da cidade de São Paulo. Nada pouparam, até mesmo o nome dela colocaram, fazendo suposições e comparando-a aos santos estigmatizados. Cada jornal queria publicar mais novidades do que o outro. Era a corrida pela matéria, a qualquer custo. O que valia era vender jornais, o lucro monetário.

Em novembro de 1928, o fato de, no Instituto Missionárias de Jesus Crucificado, existir uma noviça que apresentava fenômenos místicos foi estampado na primeira página de vários jornais. Embora Amália não quisesse ser o centro das atenções, não havia mais como esconder essa verdade.

> *Enquanto foi possível, guardou-se a reserva conveniente, até que, ou por consultar pessoas estranhas à casa, ou por alguma conversa com eclesiásticos que não guardaram toda reserva ou por outras razões impostas pelo caso, ele tornou-se público.*[110]

---

[110] Dom Francisco de Campos Barreto. In: *Dossiê ao papa Pio XI, Histórico/ Relatório Irmã Amália de Jesus Flagelado (carta e atestados)*, p. 36 A.

Os repórteres acampavam na porta do Instituto, alguns levavam escadas e olhavam por cima do muro na esperança de ver e fotografar a noviça estigmatizada. Cientes de seu nome e sobrenome, não pouparam sua família, mãe e suas irmãs. Amália não queria ser observada nem mesmo pelos que tinham livre acesso para visitar parentes dentro do Instituto, muito menos aceitava conceder uma entrevista. Por causa de tudo isso, ficava mais tempo em sua cela. Dom Barreto registrou que a grande preocupação da Irmã era que nunca se tornassem públicos os fatos de sua vida, porque Nosso Senhor não queria, pois sua primeira lição era para o Instituto. Somente mais tarde, quando Nosso Senhor falasse, os outros poderiam saber. Nos êxtases, ela não deveria ter visitas de pessoas estranhas. Mesmo com todas essas determinações, deixou ciente de que seu voto de obediência ao bispo era fundamental, obedeceria ao que ele mandasse fazer.

ESTUDOS DOS MÉDICOS

Dom Francisco de Campos Barreto fez questão de escrever ao papa Pio XI que afastava a hipótese de simulação ou de sugestão no caso dos fenômenos místicos em Amália. Explicou:

> *(...) diz a Irmã que, sem querer, em certos momentos, sente a necessidade imperiosa de se recolher no espírito. Esse é o sinal de aproximação dos êxtases, no qual não pode resistir, visto já ter feito mais vezes esta última tentativa, como aconteceu uma vez, em que não conseguiu ficar no refeitório para jantar.* [111]

Mesmo com essa certeza, dom Barreto precisava de avaliação médica para enviar laudos anexados no dossiê para o papa Pio XI. Por isso foram feitas algumas avaliações de ordem física. Todas as vezes que um médico avaliou Amália, o bispo campineiro esteve presente.

> *É de notar ainda que sua insensibilidade durante os êxtases foi documentada em minha presença e de tal forma que, apertando-lhe os dedos durante os êxtases, ela nada sentiu, o que não impediu de, por dois dias, após os êxtases, sentir as dores nos mesmos dedos. Além disso, durante os êxtases de 19 de novembro, em que se fez essa experiência, agulhas foram enterradas em sua perna, sem nenhum sinal.* [112]

---

[111] Dom Francisco de Campos Barreto. In: *Dossiê ao papa Pio XI, Histórico/ Relatório Irmã Amália de Jesus Flagelado (carta e atestados)*, p. 33B.

[112] Ibidem.

Alarmante o fato de o doutor Clóvis Peixoto, residente em Campinas, em novembro de 1928, em resposta para o jornal *Diário Nacional*, publicado em página inteira, dizer que atendeu Amália em estado febril, no dia 15 de agosto, e que não teve conhecimento de nenhum fato sobrenatural, tampouco de nenhum fenômeno que a ciência não pudesse explicar. Realmente, ele esteve com Amália antes dos fenômenos místicos acontecerem, medicando uma paciente que tinha febre.

Dom Barreto submeteu a noviça Amália a exames médicos. Doutor Falcão de Miranda atestou que a paciente Amália não possuía diagnóstico de histeria, doença psíquica, distúrbios mentais, nem ataques epiléticos.

> *A suposição de simulação da parte da Irmã patenteia-se como impossível para quem ler esse relatório, em que se vê o retrato físico, moral e espiritual da Irmã.*[113]

Dom Barreto precisava de mais uma avaliação médica para anexar ao dossiê que enviaria para o papa Pio XI e, para isso, convidou o famoso médico dr. Celestino Bourrol que tinha consultório na capital, cidade de São Paulo.

No dia 28 de novembro de 1928, o médico Bourrol foi ao Instituto e tomou a liberdade de levar o doutor Spencer Vampré. Em sua carta, dom Barreto escreveu para o papa Pio XI que doutor Bourrol era distinto católico, porém doutor Vampré era ateu. E, por incrível que

---

[113] Idem, p. 37A.

pareça, foi o doutor Vampré que avaliou os fenômenos na noviça Amália.

> *Especialmente o segundo [Spencer Vampré] examinou a Irmã. E, depois de longo exame, concluiu, como eu já esperava, dizendo se tratar de um histerismo, de sugestão, dando a entender que os estigmas eram simulados e provocados pela própria Irmã.*[114]

O senhor Vampré era ateu e fazia questão de não ver Deus. Dom Barreto e doutor Celestino Bourroul ficaram estupefatos; eram pessoas educadas e com muita ética. Dom Barreto registrou que, por delicadeza, ele e, talvez, o próprio doutor Celestino, médico católico, não quiseram contestar a avaliação do doutor Vampré, pois, por ter sido levado ao Instituto por um dos mais conceituados médicos brasileiros, deveria ser um médico muito famoso. Mesmo assim, dom Barreto deixou escrito que suas afirmações não explicavam o extraordinário dos acontecimentos.

> *Se se chama um médico católico, sua opinião é suspeita para o mundo; se o médico é ateu, ninguém de boa-fé há de esperar ou exigir que venha atribuir esses acontecimentos extraordinários a um sobrenatural, no qual ele acredita. De maneira que, depois disso, reconheço a inutilidade de deixar a Irmã observada e examinada pelos médicos, dos quais apenas poderíamos esperar provas negativas em tais casos. Eles poderão dizer o que isso não é, dizer o que é pertence à Igreja.*[115]

Por prudência e ética, dom Barreto procurou e convidou um dos melhores médicos brasileiros para fazer uma segunda avaliação médica. A primeira avaliação

---

114 Ibidem.

115 Ibidem.

foi pelo doutor Falcão de Miranda, de Campinas. Agora precisava ser um parecer de outro médico, residente em outra cidade, pois, por causa da concorrência, uma avaliação na mesma cidade seria um pouco falta de ética.

O ENGANO

Doutor Celestino Bourroul, nascido em 13 de novembro de 1880, pertencente a uma família francesa, filho único de Paulo e Sebastiana, era um dos mais conceituados médicos do Brasil. Aprendeu as primeiras lições na escola do padre Hipólito, completadas depois, aos 13 anos de idade. Foi matriculado no Colégio São Luís de Itu, que, desde 1867, recebia famílias de âmbito econômico e cultural elevados. Logo, os professores notaram que se diferenciava dos demais alunos pela inteligência e aplicação. Concluído, brilhantemente, o curso de Humanidades, retornou a São Paulo. No início de 1899, Bourroul matriculou-se na Faculdade de Medicina de Salvador. Sobressaindo-se, notavelmente, pelas notas obtidas durante o curso, graduou-se com distinção, em 1904. A tese de formatura, obrigatória na época, escolheu pelo interesse em redigir um trabalho inovador: *Mosquitos do Brasil*. Recebeu a distinção de *laureado,* que conferia ao aluno de destaque, pela inteligência, pelo excepcional aproveitamento e pela conduta exemplar, o prêmio de uma viagem à Europa. Em 1904, foi para a França, estudou com o professor Grasset, médico de fama internacional, completando o aprendizado no *Instituto Pasteur de Montpellier*, onde o famoso bacteriologista, professor Rolart, chamou-o para que organizasse o curso de Microbiologia. Em Berlim, estagiou no laboratório de *Anatomia Patológica*, do professor Orth. Terminados os estudos, partiu para Viena, onde se especializou em Clínica Médica, Radiologia e Anatomia Patológica. Retornando ao Brasil, instalou consultório em São Paulo. Aproximou-se dos cientistas, intelectuais e religiosos, porquanto, desde jovem, mostrava-se *católico fervoroso, demonstrando-o pela homenagem que fizera à Virgem Santíssima no preâmbulo de sua tese*. Aos trinta anos, Celestino Bourroul era médico consagrado. A afeição de Adolfo Lutz, o cientista que o orientara na dissertação de formatura, os artigos escritos nos renomados centros médicos da França, Áustria e Alemanha, tudo contribuiu para torná-lo conhecido e respeitado. O binômio Bourroul-Lutz durante anos orientou pesquisadores, como Osvaldo Cruz, Carlos Chagas e Artur Neiva. Em 1914, assumiu, na *Faculdade de Medicina*, a Cátedra de *História Natural Médica*, denominada, mais tarde, Parasitologia. Em 1921, estabelecido um convênio técnico-financeiro com a Fundação Rockfeller dos Estados Unidos, aceitou ser seu representante.

Fiz esse retrospecto da vida dele para entender que, no ano de 1928, ele era um dos médicos de maior prestígio em São Paulo; porém, inocentemente, convidou o "médico" doutor Spencer Vampré para viajar com ele até Campinas, a fim de conhecer Irmã Amália de Jesus Flagelado.

Em que área da medicina, nessa época, clinicava o doutor Spencer Vampré? Vamos por parte. Ele nasceu dia 24 de abril de 1888, no município de Limeira. Aprendeu a ler e a contar em escolas da cidade de Rio Claro. Foi morar em São Paulo, estudou na antiga Escola Americana. Depois, fez seu curso preparatório, no *Instituto de Ciências e Letras*. Em 1904, matriculou-se na faculdade de Direito de São Paulo, onde foi estudante notável, mas trabalhoso. Insurgiu-se, de imediato, contra o método de ensino, usualmente empregado na faculdade. Causando assombro entre seus colegas, levantava-se durante a aula, formulava objeções, discutia, discordava, prometia novos argumentos para o dia seguinte, voltava à carga. Os mestres, às vezes, irritavam-se com ele, mas o respeitavam. Ardente e inquieto, aquele menino dava a impressão de ser dono de um mundo. Bacharelou-se em 1909. Sem demora, assentou banca de advogado. Spencer Vampré publicou vários livros, entre eles: "O caso fortuito nos acidentes pessoais de transporte" (1914). Com essa obra, inscreveu-se em concurso para professor substituto da Primeira Secção (Filosofia do Direito e Direito Romano), da faculdade de Direito. O Decreto de sua nomeação é de 17 de outubro de 1917. Em 31 do mesmo mês, tomou posse de seu cargo e recebeu grau de "doutor" aos vinte e nove anos de idade. Também escreveu os livros na área de Direito. Em 1925, foi nomeado catedrático de Direito Romano e, durante muitos anos, ocupou essa cadeira. Mais tarde, por causa do remanejamento no currículo da faculdade, transferiu-se para a cadeira de Introdução à Ciência do Direito.[116]

É preciso entender que Spencer Vampré foi advogado, jurista, político (deputado estadual, 1923), escritor. Contudo... jamais se formou em medicina e não era capacitado para examinar e dar um diagnóstico preciso que fosse, a respeito do caso Irmã Amália.

Na carta ao papa Pio XI, dom Barreto citou várias vezes Spencer Vampré como se fosse médico, porque assim ele foi apresentado ao bispo. A avaliação médica, feita por um advogado ateu, não pode ter validade na medicina. Ele recebeu o título de "doutor", por causa de sua nomeação a professor substituto na *Faculdade de Direito de São Paulo*, em 1917.

Quando dom Barreto enviou as avaliações médicas junto ao dossiê para o papa Pio XI, a única que dava parecer desfavorável ao caso da Irmã Amália era a do doutor Spencer Vampré. Embora soubesse que havia algo errado, o bispo de Campinas não tinha o conhecimento de que aquele doutor não era médico. Ele ficou indignado com a avaliação, por isso, na carta ao Papa, fez questão de comentar a saúde e mostrar as virtudes com as quais Deus agraciou Irmã Amália de Jesus Flagelado:

---

[116] Artigo: *Spencer Vampré*. Octavio M. Guimarães, p. 178. In site: *Jornal Digital Migalhas*; acesso em 26 de julho de 2020.

(...) trata-se de uma Irmã que teve e tem saúde perfeita, sendo talvez a Irmã mais calma e de melhor presença de espírito no Instituto, como deu provas. Respondo, com clareza, com firmeza, e excelentes argumentos, às objeções e às perguntas que o tal médico lhe fez, com o intuito de perturbar e confundir. [117]

---

[117] Dom Francisco de Campos Barreto. In: *Dossiê ao papa Pio XI, Histórico/ Relatório Irmã Amália de Jesus Flagelado (carta e atestados)*, p. 37A.

ATAQUES DO INIMIGO

> *Muito tenho sofrido, e, agora, ao sofrimento espiritual, juntou--se o deste corpo que tenho de arrastá-lo com dificuldade.*[118]

A avaliação feita pelo falso médico já era uma investida do inimigo para brecar a compreensão dos fenômenos místicos da noviça Amália. Desde que os estigmas ficaram visíveis, o inimigo ficou ciente de suas virtudes, por isso a atacava diariamente. Antes, quando tinha seus colóquios com Jesus, especialmente de madrugada, os estigmas eram internos, tudo era velado, sem a participação pública; o inimigo não sabia que aquela menina, jovem, mulher se tornaria uma das maiores místicas católicas.

> *Parece natural que o inimigo desconhecesse isso, que lhe veio ao conhecimento pela revelação que o próprio Deus fez, quando, no dizer da Irmã, apesar de suas súplicas, Ele mesmo a revelou ao Instituto por meio dos estigmas e dos êxtases de modo que já não podiam ocultar as graças especiais que vinha recebendo.*[119]

Jesus, durante o êxtase de 20 de novembro, disse para Amália que a deixaria por um tempo, sem a presença d'Ele, para que ela fosse vítima, por meio das ten-

---

[118] *Vida Íntima I*, 4-2-1930.

[119] Dom Francisco de Campos Barreto. In: *Dossiê ao papa Pio XI, Histórico/ Relatório Irmã Amália de Jesus Flagelado (carta e atestados)*, p. 35A.

tações do demônio. É preciso entender que, enquanto Jesus estivesse com Amália, o inimigo não apareceria porque a luz é muito maior que a treva. E Amália precisava fazer cumprir a promessa de sofrer pelos pecadores, reparar os pecados. Seus sofrimentos não seriam em vão, seriam oferecidos para a salvação das almas do purgatório, pela conversão dos pecadores e em reparação às ofensas feitas ao Sagrado Coração de Jesus. Essas dores e lutas, no Exílio, seriam revertidas em fichas/moedas brancas, que eram resgatadas no Paraíso. Para que isso acontecesse, Jesus começou a diminuir seu tempo de visitas à noviça Amália.

> *A seguir, porém, sofrendo ainda violentas tentações do demônio, que continuou aparecendo-lhe, digo lhe aparecendo, cheia de aridez e secura espiritual, foi presa por fortíssimas dores no corpo, especialmente nas juntas, passando ao menos por ocasião da comunhão, para voltar depois.*[120]

Amália participava da missa na Capela do Instituto e comungava diariamente. Ao receber Jesus, o inimigo desaparecia. O demônio não suporta a presença de Jesus Eucarístico. Depois de algum tempo, voltavam as tentações do inimigo. Ela sofria.

> *Nesse estado, embora sentindo a falta da visão de Jesus, a Irmã está calma e contente em sofrer sozinha, vendo com isso a vontade de Deus.*
> *(...) as muitas tentações do demônio que aparece à Irmã Amália em várias formas, ora de Jesus, ora de anjo, de moço, de homem, de negro, que lhe aconselha para ir embora para casa, que no Instituto perderá sua alma, que*

---

120 Ibidem.

lhe diz mal da madre, do Prelado Diocesano, procurando fazer perder a confiança nos Superiores.

Amália tinha uma fé inabalável, confiava em Jesus Crucificado e a usava para lutar contra as intrigas do demônio. Sabia que o inimigo ia fazer de tudo para tirá-la do Instituto onde ela se tornou Esposa de Jesus. Ela era pura, casta.

É digno de nota que o demônio nunca disse à Irmã uma palavra contra a pureza, virtude essa predileta dela, máxima, tendo em consideração sua vida celibada e sua completa ignorância em assuntos menos puros.[121]

As marcas do inimigo

A pureza dela era espiritual e física, permanecia blindada dos ataques de ordem sexual, vindas do inimigo, pois ela jamais havia sentido esse tipo de desejo. Embora o demônio não pudesse impetrar no pensamento da Irmã Amália o que ela não conhecia, ele não desistia de atormentá-la: machucava-a fisicamente deixando marcas horríveis, as quais inflamavam, diferente dos estigmas que se fechavam e desapareciam. O inimigo também perturbava suas horas de sono, quando ela podia descansar um pouco.

Não menos digno de nota é o facto de que havemos de chamar estigmas diabólicos, porque, na verdade, a Irmã, às vezes, tem visto o demônio raivoso, como o passar-lhe a mão e deixar-lhe marcas no corpo e em

---

[121] Ibidem.

certos lugares que ela, por pudor, não ousou mostrar à Madre.[122]

Amália era vigiada dia e noite, mas o inimigo sabia a hora de agir, nas poucas vezes que ela se encontrava sozinha ou nos momentos em que sua companhia, à noite, dormia.

As únicas presenças que exorcizavam o demônio eram as de dom Francisco de Campos Barreto, que só de olhar já colocava o inimigo para correr, e de madre Maria Villac, pois, só de escutar os passos dela chegando, o demônio fugia.

Madre Josefina escrevia as mensagens que Amália dizia em êxtase. Havia sete cadernos completados com ensinamentos, que são um tesouro para a humanidade.

> *Assim é que, provada a seriedade do caso e a de suas manifestações, ordenei que uma irmã, ao lado da Madre, escrevesse tudo quanto fosse possível d'aquilo que a Irmã fala em seus êxtases.*[123]

Nesses cadernos, foram anotadas as mensagens de alto valor teológico a respeito das pessoas consagradas a Deus, o silêncio do coração, os escrúpulos, a comunhão, levando tudo a cunho da Paixão e Morte de Jesus Cristo, como o modelo para se praticarem as virtudes e se conseguir a salvação. Textos que precisavam ser publicados, para que muitas almas fossem conquistadas

---

[122] Dom Francisco de Campos Barreto. In: *Dossiê ao papa Pio XI, Histórico/Relatório Irmã Amália de Jesus Flagelado (carta e atestados)*, p. 35A.

[123] Idem, p. 32B.

para Deus. O inimigo tinha raiva desses escritos. Igual aconteceu com o diário de Santa Gemma Galgani, os cadernos desapareceram.

> *Fato notável é o desaparecimento dos cadernos, contando os colóquios da Irmã com N. Senhor (reprodução do que se lê na vida da Gemma Galgani).*
> *Uma vez, isso se deu em outubro, sendo afinal encontrados os cadernos. Segunda vez, esses cadernos e mais os lenços que limpam o sangue da Irmã, estando fechados numa gaveta e a chave com a Madre, na noite de 29 para 30 de novembro, da gaveta sumiram.*[124]

Por uma ação sobrenatural do inimigo, os cadernos e lenços, tão bem guardados, trancados à chave, sumiram de madrugada, na calada da noite. Começaram a procurá-los.

> *(...) depois de muita procura, os cadernos foram encontrados espalhados e escondidos aqui e ali, estando uns rasgados, enquanto os lenços, em um número talvez de uns trinta, ainda não foram encontrados até hoje, 12 de dezembro [1928]. Talvez porque N. Senhor disse à Irmã que deixaria virtudes nesses lenços a bem das almas.*[125]

Apesar de todas essas investidas do inimigo, Amália continuava sua missão de expiar os pecados e sofrer as dores da Paixão. Então o inimigo usou outra tática. Várias vezes trancou a noviça dentro da cela quando devia ser obediente, cumprir suas obrigações e atender as ordens da madre Maria Villac.

---

[124] Ibidem.

[125] Ibidem.

A mudança em Amália era gritante. Jesus, ao se fundir espiritualmente com ela, inundava-a de plena sabedoria. Mesmo depois que Ele foi embora, depois dos êxtases ou das manifestações da Paixão, Amália mesma reescreveu as dezenas de mensagens que estavam registradas nos cadernos rasgados e perdidos. Tinha ótima memória, lembrou cada palavra. Não era mais a menina sem estudos, era uma doutora em teologia.

MANIFESTAÇÕES DURANTE A MISSA

Às sextas-feiras, quando estava em sua cela, sempre ocorria abertura dos estigmas em Amália. Aconteceu que, em uma sexta-feira, dia 23 de novembro, na capela do Instituto, durante a santa missa celebrada por dom Barreto, ao receber a sagrada comunhão, ela começou a demonstrar os primeiros sinais de estigmatização. Sua testa foi marcada por pontos vermelhos, dali a pouco o sangue começou a escorrer com abundância e as chagas de suas mãos se abriram. Embora tenha tentado esconder, todos que participaram da missa viram o fenômeno que aconteceu pela primeira vez em público. A capela estava com mais de 50 pessoas, entre damas e cavalheiros da alta sociedade campineira. Este foi o dia que Jesus havia anunciado, o tempo para a manifestação pública. Ela foi socorrida por suas companheiras missionárias e, ao passarem com ela pelo átrio da capela, todos se ajoelharam piedosos.

DOSSIÊ PARA O PAPA PIO *XI*

Em novembro de 1928, jornais de todo o Brasil faziam sensacionalismo ao relatarem os fenômenos místicos de Amália. Procuravam um jeito de fotografá-la sem sucesso. Até que uma grande revista brasileira, *A Cigarra*, conseguiu uma foto, de quando ainda não havia entrado para o Instituto, e publicou-a em página inteira com os dizeres: *a santa de Campinas*.

Uma séria questão para o dom Barreto resolver. O bispo foi categórico que somente o Vaticano, por meio do Dicastério do Santo Ofício (atualmente da Causa dos Santos), tinha condições de analisar e proclamar sua santidade. Precisaria passar por uma avaliação e entrar com processo de beatificação e, posteriormente, canonização para que isso acontecesse. Havia uma questão bem grande, e dom Barreto a conhecia: nunca houve beatificação e canonização de uma pessoa viva. Então, não esperava uma santificação de Amália pelo Vaticano; era preciso comunicar o papa Pio XI, seu amigo particular, a respeito do que acontecia.

Contendo uma carta pessoal, com muitas páginas com descrições de todos os importantes acontecimentos da vida da missionária Amália, fotos dela de frente e de lado, em que são apresentados os estigmas nas mãos, laudos de médicos sobre sua saúde física e psicológica, o dossiê foi escrito no dia 12 de dezembro, e devidamente enviado para o papa Pio XI.

SEXTA-FEIRA SANTA – LÁGRIMAS DE SANGUE

Tua prisão sou eu mesmo, eu é que te prendo. Escuta um pouco: sabes onde estás presa? Dentro de meu Divino Coração.[126]

Era fim de março no ano de 1929. Durante a quaresma, especialmente nas sextas-feiras, os estigmas reabriam, felizmente não aconteceram mais publicamente. Assim, a mídia parou de fazer da missionária artigo de vitrine especulativa, e ela podia participar das atividades da *Semana Santa* em paz, junto com as madres e outras religiosas do Instituto.

Naquela Sexta-feira Santa, dia 29 de março de 1929, as chagas surgiram por todo o corpo, inclusive as da coroa de espinhos. Foi preciso um grande lençol branco para reter uma parte do sangue. Nele ficou impregnada, estampada a imagem perfeita da coroa de espinhos, igual à que coroou Jesus. Esses estigmas se fecharam, e Amália pôde comparecer ao "Beija-Cruz", na capela.

Dom Francisco de Campos Barreto foi quem presidiu a cerimônia de adoração à Santa Cruz. Às 3 horas da tarde, na hora da Misericórdia, Amália foi beijar o Crucifixo.

---

[126] *Vida Íntima I*, 18-8-1930.

(...) profundamente comovida, chorou lágrimas de sangue; uma gota dessas lágrimas, caindo sobre o Crucifixo, imediatamente se espalhou desenhando o mapa do Brasil![127]

Na capela, o bispo, as religiosas e os fiéis católicos assistiram a esse episódio e ficaram agitados. Dom Barreto pediu que as pessoas preservassem a noviça Amália e nada comentassem com a mídia. Porém alguns não atenderam a seu pedido, e os jornais novamente colocaram-na em destaque.

---

[127] *Correio Paulistano*, Campinas-SP, 3 de maio de 1929, p. 14.

NOVENA SANTA MARIA MADALENA

Meu bom Jesus Prisioneiro, quero hoje a vossos pés fazer-vos um convite. Amanhã é o dia em que pela primeira vez vi a luz do mundo e, para agradecer-vos esta graça, convido-vos a escutar minhas preces.[128]

Aquela Amália, desprovida de estudos, não existia mais, pois foi agraciada de dons que a moldaram com inteligência sobrenatural. Possuía ótima memória, tinha o poder de ver além de seu tempo, profetizava; suas visões do Paraíso eram intensas; conversava com os anjos; conhecia e sofria pelos pecados das almas que expiava; era humilde, silenciosa; escrevia perfeitamente, até palavras difíceis. E tudo isso permanecia com ela. Não era igual o começo quando não se lembrava do que falava nos êxtases.

Com seu aniversário chegando, resolveu prestar uma homenagem a Maria Madalena, que, naquela época, não era ainda canonizada e cuja santidade muitos do clero ainda não aceitavam. Então, no dia 13 de julho de 1929, Amália, inspirada pelo Espírito Santo, escreveu as orações que compõem a novena a Santa Maria Madalena, sua protetora. Sua amiga Apparecida L. Pinheiro deixou registrado:

---

[128] *Vida Íntima I*, 21-7-1930.

> *É uma novena muito rica e percebe-se claramente que foi feita por uma grande santa. Só os grandes mestres da vida espiritual têm condições de compor tal oração.*[129]

É uma novena que deve ser orada aos pés da Cruz, pedindo a Jesus Crucificado a graça de cada dia. A primeira oração, dirigida a Jesus Crucificado, suplica seu Sangue sobre a alma, para que a pureza seja plena. Pede que a Paixão de Jesus fique gravada em seu coração. Depois, a segunda oração é destinada a Maria Madalena, já por Amália chamada de Santa, pedindo que ela ensine a desprezar o mundo e a aceitar a loucura da Cruz. Essas duas orações devem ser rezadas durante nove dias, culminando na festa de Santa Maria Madalena, dia 22 de julho, também aniversário de nascimento de Amália Aguirre Queija.

---

[129] FRANCO, Maria Apparecida L. Pinheiro. *Serva de Deus, Irmã Amália*, p. 103.

JESUS ENTREGA O TESOURO

Mês de novembro de 1929, o fenômeno místico de Amália ainda era matéria para jornais e revistas. Até mesmo aconteceu um simpósio esotérico, na capital, Rio de Janeiro, para avaliar esses fenômenos. Eram várias as investidas da mídia e até mesmo de outras pessoas que queriam que ela fizesse previsões sobre o futuro. Por isso não podia sair à rua, fazer o que, quando criança em Riós, conseguia. Seus desejos eram dar comida para os pobres, fazer companhia aos doentes, cuidar dos maltrapilhos. Essa era uma dor só dela, pessoal demais. Os estigmas, os êxtases, os ataques do inimigo a faziam sofrer; mas havia outra dor: não poder cumprir o que seu coração sempre quis, a caridade.

> *Estes desejos tão veementes constituíam para meu coração um verdadeiro martírio porque nunca os pude realizar, até em dia de hoje.*[130]

Desde o aparecimento dos estigmas, Amália teve a limitação das paredes do Instituto. Não podia andar pelas ruas de Campinas, precisava de privacidade, para não ser mais alvo de matérias de jornais. Passou a ser uma missionária contemplativa: orava pelos pecadores, os neces-

[130] *Vida Íntima II*, 6-3-1931.

sitados de graças diversas. Talvez, um dia, seu sonho de andar livremente pelas ruas aconteceria. Talvez.

Em uma sexta-feira, dia 8 de novembro de 1929, o exmo. senhor Paulo José Villac, com 33 anos de idade, pai de três filhos: Sylvia, Maria da Conceição e Joaquim, foi ao Instituto à procura de sua irmã mais velha, Maria Villac, a Madre Maria do Calvário. Estava ansioso para lhe pedir ajuda, porque sua esposa, exma. senhora Maria Clarice Marinho Villac, com 26 anos de idade, grávida de nove meses, foi diagnosticada por um especialista médico com uma doença incurável. Ao ouvir isso, a tristeza tomou conta do coração de madre Maria Villac, que, chorando, recorreu à missionária e amiga Amália. No mesmo instante, Amália, sentindo um grande impulso, foi para a capela orar. Ajoelhou-se no degrau e, com os braços abertos, suplicou ajuda de seu amado Jesus. Disse que sabia que não havia esperança de salvação para a esposa de Paulo e ofereceu sua própria vida pela salvação de Clarice, mãe de família. Perguntou a Jesus o que ela devia fazer para alcançar essa graça. Ele lhe disse que, se quisesse alcançar essa graça, devia pedir pelas Lágrimas de sua mãe. Ela questionou como devia ser feito esse pedido, e Ele mesmo ensinou as orações:

> *– Meu Jesus, ouvi nossos rogos, pelas Lágrimas de vossa Mãe Santíssima!*
> *– Vede, ó Jesus, que são as Lágrimas d'Aquela que mais vos amou na terra e mais vos ama no céu.*

Acrescentou Jesus: "Minha filha, tudo o que os homens me pedirem pelas Lágrimas de minha Mãe sou obrigado amorosamente a dar. Mais tarde, minha querida Mãe entregará, por amor, este precioso tesouro a nosso querido Instituto, como ímã de misericórdia".[131]

Amália correu para avisar madre Villac e as companheiras missionárias. Ensinou para elas como deveriam rezar... e rezaram. A Dom Francisco de Campos Barreto foram passadas as orações que Jesus havia ensinado. Oravam. Com humildade e silêncio, Amália esperava a promessa de Jesus. Novamente o "mais tarde" ressoou em sua vida.

Os dias passaram, as orações que Jesus ensinou continuavam a ser pronunciadas pelas missionárias, especialmente por Clarice, esposa de Paulo, irmão da madre Villac.

Amália continuava tendo os fenômenos místicos, e, a cada êxtase, as mensagens eram direcionadas para um caderno, muito bem escondido. Em seus colóquios com Nossa Senhora, a quem chamava como Mãe da Misericórdia, pedia-lhe socorro para quando o inimigo a atacasse, porque sabia que Jesus tinha de continuar escondido e que ela precisava passar pelos tormentos dos ataques, a fim de poder expiar alguma alma. Nesses momentos de expiação, carregava, em si, em sua alma, a podridão do pecador: homicídio, estupro, latrocínio, infidelidade matrimonial, tentativa de suicídio, ganância financeira, prostituição... etc.

---

131 *Nossa Senhora das Lágrimas e o seu Pombal;* 1935, p. 12.

Nos momentos de êxtases, Jesus enviava mensagens de puro amor, sobre: a vida espiritual mal compreendida; Jesus no Sacrário; o tabernáculo, mina de ouro santo; o Getsêmani da eucaristia; sem comunhão não haverá santos; as almas consagradas a meu serviço são rebentos de meu coração; os sacerdotes sal da terra; preso por amor; desafogo com Jesus; bem-aventurados os que choram; ser grande; a divina sabedoria; vida de amor e sacrifício; Jesus chora de saudade.

Também Amália escreveu cartas, mensagens pessoais, orações e apelos, entre eles: *uma alma na dor, que chamava por Maria*.

PRIMEIRO DIA DE 1930

Ao longe vejo uma estrela. Apesar da escuridão, esta estrela fulgurante parece atrair-me a si. Quem sois estrela formosíssima, que nesta noite tenebrosa brilhais?/ Esta estrela é MARIA, Mãe do belo Amor! Sim, sois, ó Maria, a luz em minhas trevas, o sustento em minhas fraquezas, o abrigo em meus desamparos, o sustento em minhas penas.[132]

No primeiro dia de janeiro de 1930, Amália, sonhando ou em êxtase, passeava por um lindo roseiral à procura de Jesus, seu amado, porque havia dias que Ele a deixara para que ela pudesse expiar almas. Ela concordou com essa ausência, mas, sempre que podia, clamava por Ele, pois viver sem Jesus não era viver.

Passeava pelo lindo roseiral, distraída, chamando por Jesus, até que chegou perto de uma figura feminina. Essa mulher lhe perguntou o que procurava. Respondeu: "o meu Amado". Então a mulher disse-lhe: "É meu Filho". E, nesse momento, as escamas caíram dos olhos, e *Amália viu que o vulto de mulher era Nossa Senhora. Perguntou a Ela o que significavam aquelas rosas. Maria lhe disse que as rosas, aquele roseiral todo...*, era a Igreja Militante.

---

[132] *Vida Íntima I*, 16-2-1930.

CARTA A DOM BARRETO

Hoje, quem me deu forças foi uma carta sua; até a guardei no coração; se o bom Pai soubesse que alívio eu senti! Louvado seja Deus.[133]

Depois que Jesus entregou para Amália o tesouro, isto é, orar pedindo graças por meio das Lágrimas de Maria, o inimigo ficou raivoso. Sabia que ali estava uma das mais poderosas armas para derrubar o império infernal.

Aproveitou o período em que ela expiava almas e investiu contra a missionária amada de Jesus. Em uma carta a dom Barreto, a quem ela chamava de Bom Pai, comentou:

> *Como sofro, meu bom Pai, além de não poder ver Jesus, outras penas vêm torturar meu espírito. Ontem foi por causa da Coroa das Lágrimas de Nossa Senhora. Parecia-me ouvir que tudo aquilo servirá para minha reprovaçao!*[134]

Esse começo do mês de fevereiro de 1930, o demônio atormentou muito Amália, ainda mais, para que ela desistisse da Coroa das Lágrimas. Chegou mesmo a dizer para ela não receber Nossa Senhora, não pegar esse tesouro. Amália estava muito assustada, pois

---

[133] *Vida Íntima I*, 16-2-1930.

[134] Idem, 4-2-1930.

o inimigo fez a profecia de que ela seria silenciada, até mesmo insultada e indesejada no Instituto. No dia 8 de fevereiro, escreveu para sua querida madre Maria Villac: "Querida Madre. Como hoje, antes da Comunhão, desejei e pedi a Jesus: Por que não me levastes convosco no dia de minha Primeira Comunhão?"[135]

[135] *Vida Íntima I*, 8-2-1930

TRANSVERBERAÇÃO

Hoje, aqui aos pés de vosso santo altar, quero vos agradecer o presente que me destes há tantos anos! Ah! Jesus adorável, lembrais naquele dia em que feristes meu coração, quando me mostrastes o quanto me amáveis?[136]

No primeiro sábado de março de 1930, mês que se tornaria especial em sua vida, Amália escreveu a mensagem *Na dor cantar vossas Misericórdias*, em que narrou sua transverberação e profetizou que muitos ainda não entenderiam esse amor que lhe afligiu ao ponto de transpassar, com uma espada, seu coração. Na maioria dos santos estigmatizados, a transverberação foi feita por um anjo, por meio de uma espada ou barra de ferro, cuja ponta fumegava em brasa. Amália entendeu que essa dor a acompanharia por toda a vida no exílio, na terra. E, ao que consta em seu escrito, isso durou vários dias, igual ao que aconteceu com padre Pio.

Mas, Jesus de minha alma, tenho de sentir a espada cruel cortar cada dia as fibras mais dolorosas de meu pobre coração e ainda sorrir no meio destes terríveis tormentos? Não é isto um mistério, sorrir na dor? Ah! Não, o sorriso na dor é a conformidade com vossa santíssima vontade, é dizer-vos: porque vos amo, ó meu Deus, por isso é que me afligis! Mas, como o mundo aceitará estas máximas, se, quando os homens se amam, procuram dar prazer uns aos outros. No entanto vós aos que amais dais cruzes e os afligis? Ó mistério para o mundo! Para as almas amantes

136 *Vida Íntima I*, 19-7-1930.

isso não é um mistério, mas uma doce consolação. Viver na aflição, viver na dor é doce paraíso! Sim, é doce paraíso, pois a alma sofredora já antevê os páramos celestes, onde por toda a eternidade gozará o ter aqui sofrido e afligido seu corpo.
Ah! Agora compreendo por que vossos santos sorriam na dor! [137]

Talvez, fosse preciso essa transverberação para preparar a missionária Amália para o acontecimento que vinha dali a sete dias.

---

[137] Irmã Amália de Jesus Flagelado. In: *O Bom Combate na Alma Generosa*, 1936, p. 19.

APARIÇÃO DE NOSSA SENHORA DAS LÁGRIMAS

Vinde, Mãe querida, abri-me vosso coração, aí eu quero repousar, abriga-me debaixo de vosso manto protetor e aí dormirei o sono do abandono, até chegar a alvorada desse dia venturoso onde jamais perderei meu Jesus.[138]

Ainda era preciso manter-se escondida no Instituto, talvez por pouco tempo ou muito. Amália não sabia o tempo, porque não questionava acontecimentos para si, preferia deixar que seu Amado Jesus, quando quisesse, falasse ou não.

Na capela, ela orava pelos que pediam, que deixavam bilhetes na porta do Instituto, que escreviam no caderno de pedidos, que falavam para as outras missionárias, além de rezar pelas pessoas com almas sujas, que expiava para salvá-las da perdição, do inferno que existe no Exílio. A salvação é aqui na terra, porque, depois da morte, se for para o inferno, nada mais poderá salvar a alma. No Exílio, a alma expiada, convertida, tinha tempo de sanar suas faltas, para o arrependimento que leva à salvação. Por todos esses, Amália ajoelhava-se diante do Santíssimo e rezava, inclusive as duas orações que Jesus havia ensinado invocando o poder das Lágrimas de Maria.

---

138 *Vida Íntima I*, 16-2-1930.

Era sábado, dia 8 de março de 1930, quando, ajoelhada em um dos degraus do altar, orava. Eis que, de repente, sentiu-se elevar. Viu uma mulher que, de formosura inexplicável, trajando uma túnica cor de violeta, um manto azul e um véu branco que lhe envolvia o peito, flutuou em sua direção. Ela trazia nas mãos um Terço, que chamou de coroa, cujos grãozinhos brilhavam como o sol e eram brancos como a neve.[139] Entregou o Terço a sua dileta filha e disse-lhe:

> *Esta é a Coroa de minhas Lágrimas, dadas por meu Filho a este Instituto, como uma parte de seu Patrimônio.*
> *Suas invocações já foram dadas por meu Filho. Ele quis mimosear-me com mais esta invocação, e todas as graças que me forem pedidas por intermédio de minhas Lágrimas meu Filho concederá. Esta Coroa servirá para a conversão de muitos pecadores, especialmente dos espíritas.*
> *A este Instituto uma glória lhe será reservada: a conversão de milhares destes membros de uma seita tão perniciosa para a árvore florida da Igreja militante.*
> *Ei de obrigar o demônio a confessar o dano que esta Coroa lhe há de causar!*
> *Aparelha-te para esses combates. O demônio tem de revelar ao Instituto o que ela* [a Coroa] *houver feito a favor da Igreja militante.*[140]

Depois de dizer isso, Nossa Senhora desapareceu, e, imediatamente, Irmã Amália escreveu aquelas palavras e compartilhou-as com as missionárias e o bispo de Campinas. Começaram a rezar. Mas era preciso compor todo o Terço Coroa das Lágrimas. Por meio do terço que Nossa Senhora trazia nas mãos,

---

139 *Nossa Senhora das Lágrimas e o seu Pombal, 1935, p. 13.*

140 Ibidem.

Amália sabia que as brancas contas das divisões no terço eram sete. Era preciso compor as orações: inicial e final.

Amália de Jesus Flagelado compôs a Oração Inicial:

> *Eis-nos aqui, a vossos pés, ó dulcíssimo Jesus Crucificado, para vos oferecermos as lágrimas d'Aquela que, com tanto amor, vos acompanhou no caminho doloroso do Calvário. Fazei, ó bom Mestre, que nós saibamos aproveitar da lição que elas nos dão, para que, na Terra, realizando vossa Santíssima Vontade, possamos um dia, no Céu, louvar-vos por toda a eternidade.*[141]

Irmã Maria do Calvário (Madre Maria Villac) escreveu a Oração Final:

> *Virgem Santíssima e Mãe das Dores, nós vos pedimos que junteis vossos rogos aos nossos, a fim de que Jesus, vosso Divino Filho, a quem nos dirigimos em nome de vossas lágrimas de Mãe, ouça nossas preces e nos conceda, com as graças que desejamos, a coroa da vida eterna. Amém.*[142]

Dom Barreto, sempre que precisava de um discernimento maior, colocava sua cabeça dentro do Sacrário. Não sei se para essa decisão ele o fez, mas certamente muito orou ao Divino Espírito Santo para ter discernimento a respeito de divulgar ou não para o clero, os religiosos, os fiéis, católicos ou não, enfim... para toda a humanidade a oração da Coroa que

---

[141] Conforme consta no primeiro panfleto de abril de 1930, com o Imprimatur de Dom Francisco de Campos Barreto.

[142] Ibidem.

Nossa Senhora entregou. E, já que Ela mesma disse que era a Coroa de suas Lágrimas, então ele batizou a devoção como Nossa Senhora das Lágrimas. Um terço dividido em sete partes com sete grãos e na ponta um crucifixo.

Pronto, estava decidido em comum acordo com as missionárias. E, para que a divulgação acontecesse rápido, enviou para a tipografia o esquema da Coroa de Nossa Senhora das Lágrimas. Naquele tempo, uma impressão em gráfica era por tipos. Era preciso formar cada palavra; as acentuadas, com pequenos blocos de ferro, eram timbradas uma a uma, para, depois de prontas, passar tinta e imprimir em folhas de papel, por meio de uma máquina manual. Um processo bem demorado. Demoraria pelo menos dois meses.

A medalha

O inesperado aconteceu, no lugar da Cruz, que resolveram colocar na Coroa das Lágrimas, era para ser uma medalha. Exatamente um mês depois da entrega da Coroa, Nossa Senhora voltou e apresentou à missionária uma medalha para ser inserida junto à Coroa.

> *O Instituto, dentre suas mais caras joias, conta também com sua medalha sob a invocação "N. Senhora das Lágrimas". Essa medalha, tal como foi anunciada a 8 de abril de 1930, encerra grande significado para o Instituto e para os fiéis em geral.*
> *Nela se vê as efígies de N. S. das Lágrimas e de Jesus Manietado, N. Senhora vai com a jaculatória, que proclama o valor de suas Lágrimas e diz assim: "Ó Virgem dolorosíssi-*

ma, vossas Lágrimas derrubaram o império infernal"; Jesus Manietado tem em volta a súplica: "Por vossa mansidão divina, ó Jesus Manietado, salvai o mundo do erro que se acha ameaçado".[143]

Foi então que dom Barreto autorizou cunhar a medalha em metal: ouro, prata e alumínio e a inserir na coroa de Nossa Senhora das Lágrimas. A medalha também foi distribuída para os fiéis católicos e para quem mais a quisesse.

A medalha com sua bênção especial, entregue aos homens, indubitavelmente atua de modo sobrenatural, como provam inúmeros protestantes, espíritas, comunistas, indiferentes, que, possuindo-a, se fizeram católicos praticantes! Para isso basta dar a medalha para que a tragam consigo; nada de discussões religiosas, Nossa Senhora fará o resto, tocando os corações de boa vontade.
E quem disso duvidar faça a experiência. Uma piedosa promessa diz que, quem com respeito sempre trouxer essa medalha, não morrerá sem ter antes o conhecimento de seus pecados e deles se arrepender. [144]

No dia 26 de abril de 1930, saiu a primeira tiragem de panfletinhos em que constou a oração Coroa de Nossa Senhora das Lágrimas, em papel jornal, folhas duplas, proveniente daquele primeiro projeto, por isso nele não consta a respeito da medalha. Nessa primeira publicação, constou o *Imprimatur* de dom Francisco de Campos Barreto e informação dos 50 dias de indulgência.

Dom Barreto também contratou um artista para fazer uma digna estampa retratando Nossa Senhora

143 *Nossa Senhora das Lágrimas e o seu Pombal, 1935.*
144 Ibidem.

das Lágrimas e outra com a imagem de Jesus Manietado, ambas foram impressas na *Gráfica Santuário*, em Aparecida.

> *Daí a criação, pela Autoridade Eclesiástica da Diocese* [dom Barreto] *competente, do novo título de "Nossa Senhora das Lágrimas" dado à Santíssima Virgem e que de modo tão tocante fala ao coração.*[145]

[145] *O Lar Catholico*, Juiz de Fora, MG, 5 de junho de 1932, p. 3.

RECEBENDO MENSAGENS E ESCREVENDO ORAÇÕES

Minha filha, sempre a teu lado! Libertei-te das garras do inferno, sim, filhinha. Eu não deixo meus servos sozinhos. A luta só te trouxe merecimentos, mas, quando o inferno estava querendo te desanimar, eis que tua Mãe, como estrela fulgurante, iluminou tua fronte, eis que saíste vitoriosa.[146]

Muitas foram as mensagens nessa época: Lírio entre espinhos; Jesus, Pai, paga as dívidas dos filhos; vítima voluntária; sofrer pelo prisioneiro de amor; desafogo de Jesus na Eucaristia; felicidade do Coração Manso; o amor não é conhecido; agonia de amor; Jesus abandonado; o Mendigo Divino; Guia Divino; coração de Jesus Ultrajado por novo Judas; as maneiras do meu amado; o banquete dos pobres; o palácio do meu amado; feliz abandono no exílio; a eucaristia é a vida da Igreja; humilhar-se é mostrar-se grande nas obras; o sacerdote, sal do mundo; a caridade não mede sacrifícios; o zelo; escola divina aos pais; tenho razão de me queixar; protesto e santa resolução para uma vida nova; o anjo do Cenáculo; de como Jesus sofre; a humildade e o sofrimento; sofre filha, sofre; preâmbulo à humildade; as delicadezas do amado; a mansão celeste e o prêmio do es-

[146] *Vida Íntima I*, 11-6-1930.

forço; sublimidade da vocação religiosa; a vocação sacerdotal.[147]

Seu aprendizado por meio dos êxtases foi grande. Todas as mensagens de Jesus ficaram impregnadas em sua alma. Tinha sabedoria e humildade. Não tinha vergonha de fazer perguntas a Jesus sobre assuntos que não entendia. Muitas vezes Jesus dizia que ela era "atrasadinha", uma maneira toda peculiar de tratar Amália. Mostrava que, mesmo tendo acesso ao Infinito, tinha muito o que aprender ainda, pois o Infinito não tinha fim. A sede de saber dominava a alma de Amália.

Além das mensagens enviadas por Jesus, existem as que a própria Amália escreveu. Vale destacar uma que parece mais uma oração: "Coração de Jesus Ultrajado por Novos Judas". O tempo fez um alinhavo entre duas religiosas, algumas frases dessa mensagem da missionária Amália são semelhantes *às* que irmã Faustina Kowalska escreveu depois de um ano. Por exemplo: Amália disse que o preciosíssimo sangue de Jesus, que jorra de seu coração, salva vidas e deve ser apresentado ao Eterno Pai para a conquista das almas. Diante de uma mensagem de Cristo: "Dai-me almas para povoar meu Reino", Amália registrou: "Sangue precioso, saído do divino Coração de Jesus, ofereço-vos ao Eterno Pai para a salvação de tantas almas".

Ao terminar as mensagens, no ano de 1930, Jesus e Maria disseram que estavam no Reino da Misericórdia. Em uma das mensagens, Ele explicou que, "no Palácio Eterno, só reinam o amor, a caridade em infinito"!

---

[147] Essas mensagens, na íntegra, estão no livro: *Irmã Amália e a devoção a Nossa Senhora das Lágrimas*, Editora Imaculada, Rita Elisa Sêda.

Também existem mensagens escritas pela missionária Amália para a querida Mãe Maria. Em uma delas afirmou que iria cantar suas glórias até o fim de sua vida, no Exílio.[148] Ainda profetizou que, depois de sua morte, voltaria à Terra, para dizer a todos quanto Nossa Senhora é mãe acolhedora, que recebe as pessoas com todos os dons celestiais, para visitar os duros corações, frios como pedra e dizer-lhes em segredo que, por meio das Lágrimas de Maria, conseguiriam chegar até Jesus.

Divulgar as mensagens

As mensagens de paz e esperança, registradas no ano de 1930, precisavam ser divulgadas, por isso foram direcionadas para alguns jornais que as publicaram. A nação brasileira passava por momentos difíceis sócio-político-econômico-religiosos.

Em 1929, com a quebra da Bolsa de Valores dos Estados Unidos, a crise afetou o Brasil porque esse país, o maior comprador do café brasileiro, não tinha mais tantos recursos monetários para comprar a safra anual. Assim os preços do café caíram, e, para que não houvesse maior desvalorização, o governo brasileiro comprou e queimou toneladas de sacas de café. Fazendas faliram, e muitos dos trabalhadores do campo, da colheita do café mudaram-se para as grandes cidades,

[148] A mensagem *Cantar eu quero, ó Maria, as tuas glórias*, na íntegra, está no *Devocionário de Nossa Senhora das Lágrimas*, Editora Santuário, Rita Elisa Sêda.

à procura de empregos, construíram casas precárias, formaram as favelas.

Se isso não bastasse, o presidente eleito, Júlio Prestes, não tomou posse, porque, meses depois das eleições, criou-se um movimento revolucionário no país, que estava à beira de uma *Guerra Civil*. Provavelmente, pessoas morreriam pela pátria. Havia também um problema religioso, pois a crença em Jesus Cristo estava ameaçada por uma doutrina antirreligiosa, que se formou em perseguição aos Cristãos na União Soviética, Rússia. O Brasil era o maior país com católicos do mundo. O Vaticano enviou, e todas as arquidioceses e dioceses receberam um comunicado, assinado pelo sumo pontífice, que pedia orações pela Igreja que sofria na Rússia. Em Campinas, no dia 20 de abril, dom Francisco de Campos Barreto escreveu e publicou a Circular n. 40, "Pela Igreja na Rússia". Todo esse caos mundial acontecia e era urgente divulgar a oração da Coroa de Nossa Senhora das Lágrimas. Na circular, Dom Barreto aconselhou os fiéis cristãos:

> *Aconselhamos também a reza da Coroa das Lágrimas de Nossa Senhora em todas as casas religiosas, onde se fizer o mês de Maria.*[149]

Informou que as pessoas que assim fizessem teriam 50 dias de indulgências para cada jaculatória repetida. Comentou que a Coroa das Lágrimas foi entre-

---

[149] Dom Francisco de Campos Barreto. In: *Actos do Governo da Diocese de Campinas, Circular n.40, Pela Igreja na Rússia*; p.33.

gue por Nossa Senhora a uma piedosa religiosa, como meio eficaz de vencer o mal. Dom Barreto não revelou o nome de Amália para poupá-la de mais assédios, pois tinha direito à privacidade.

Vários santinhos com a estampa de Nossa Senhora das Lágrimas e a oração da Coroa foram impressos e distribuídos pelo Brasil inteiro. Também foram feitos novos panfletos, com o *Imprimatur* de dom Francisco de Campos Barreto, iguais aos primeiros, constando também o beija, a medalha e a informação dos dias de indulgência para quem rezasse a coroa.

Orações pela paz

O inimigo ama o caos e detesta quem deseja apaziguar os homens. No Brasil, começou uma revolução. Jovens foram chamados para se armarem e entrarem em combate. Dom Francisco de Campos Barreto, no dia 8 de outubro, escreveu e publicou a *Circular* n. 42, que foi anexada em todas as paróquias da diocese de Campinas. Alguns familiares não compreenderam o teor da mensagem, acharam que o bispo incitava a revolta civil. Era mesmo o inimigo da paz que não deixava os homens campineiros entenderem os valores atribuídos na carta. Inclusive, o bispo convidava os fiéis a rezarem.

> *Que o povo seja convidado para uma comunhão, que visitem o Santíssimo, que rezem e peçam pelas Lágrimas de Maria Santíssima, a pronta volta da ordem e da paz para nossa terra.*[150]

---

[150] Idem Circular n. 42 - Pela Paz Nacional, p. 32.

Dom Barreto determinou um dia inteiro de orações em todas as matrizes de sua diocese, diante do Santíssimo, e que fosse rezada a *Ladainha de Todos os Santos*, em reparação aos pecados dos homens, a fim de merecerem o perdão de Deus e sua Misericórdia, dando aos brasileiros a paz de que tanto precisavam. "Nessa mesma intenção, continue-se o piedoso mês do Rosário, recomendando-lhe que seja acrescentada a já milagrosa *Coroa das Lágrimas*".

A Revolução começou no dia 3 de outubro de 1930, liderada por Getúlio Vargas, para derrubar o governo de Washington Luís e impedir a posse do eleito presidente da República Júlio Prestes. Para uma preparação espiritual, soldados e outros fiéis católicos frequentaram as missas e oraram para a Coroa das Lágrimas na capela do Instituto Missionárias de Jesus Crucificado. Os reservistas participaram das missas celebradas por dom Barreto, confessaram-se e comungaram antes de ir para os campos de batalhas, dando a eles um alento espiritual. Acontece que o inimigo infernal detestava a devoção a Nossa Senhora das Lágrimas, que aumentava cada dia mais, e incutiu falso discernimento entre os familiares campineiros, cujos filhos eram reservistas; o demônio era mestre da discórdia. Acusaram o bispo campineiro.

> *Como era natural, fiz minha circular pela paz, mandando rezar. Entretanto, com a vitória da revolução, elementos maus desta cidade aproveitaram-se da situação anormal para um desacato a minha pessoa, sob o pretexto mentiro-*

so de que eu era político e aliciava os reservistas a partirem contra os revoltados.
Minha consciência só me acusa de haver feito o bem nesta cidade, onde não me tem faltado inimigos despeitados, que, sem motivo por mim dado, procurou sempre inserir-me na guerra da difamação e perseguição.[151]

Saber perdoar

Em uma carta para dom Barreto, no dia 11 de outubro de 1930, Amália se compadeceu da nação brasileira e pediu a Nosso Senhor que tivesse pena do Brasil. Argumentou que, se os homens o tinham ofendido, ela se colocava como vítima expiatória e que Jesus poderia enviar sobre ela os castigos merecidos pelos pecadores. Jesus lhe respondeu:

> *Minha filha, eu sou Pai, Pai Amoroso que sabe perdoar a todos que, a meus pés, vêm pedir-me perdão. Eu lhes perdoo; porém, eles, levados pelo orgulho, não querem ouvir a voz amorosa do Divino Mestre, do Pai Amoroso e do Amigo fiel. Minhas filhas, minhas esposas, minhas amadas, pedi, rezai, imolai-vos para que os corações empedernidos [dos brasileiros] se abram a minha voz amorosa.*[152]

No dia 22 de outubro, Amália escreveu uma carta para dom Francisco de Campos Barreto: "Quem faz bem aos outros o demo não pode ver. Não foi assim que ele fez para o bom Pai: quis exterminá-lo? Antes de ele ser Pai de uma geração de virgens, quantas ciladas armou ao querido Pai".[153] Mais uma cilada estava

---

[151] Idem. In: *Livro Tombo Arquidiocese de Campinas,* 1922-1939, p. 57A.

[152] *Vida Íntima I,* 11-10-1930.

[153] *Vida Íntima I,* 22-10-1930.

para acontecer poucos dias depois dessa carta. O demo queria matar dom Barreto, porque assim silenciaria a devoção às Lágrimas de Maria.

O Golpe de Estado, que aconteceu no dia 24 de outubro, depôs o presidente Washington Luís. Acabou-se a revolução, era tempo para a paz. Entretanto algo difícil aconteceu, às 21 horas... homens de bem (junto estava dr. João Penido Burnier) bateram à porta do Palácio Episcopal e preveniram dom Barreto que ele corria perigo, que deveria sair dali urgentemente, pois havia um grupo de homens raivosos que marchavam para o Palácio. O bispo só teve tempo de correr até sua capela particular e pegar as Santas Espécies, a fim de salvar Jesus Eucarístico a qualquer custo, e seu corporal. Os amigos o levaram para o Instituto Penido Burnier, e, ali, ele passou a noite inteira, orando, imaginando o que seria do Palácio Episcopal. Não acreditava que homens seriam tão bárbaros a ponto de destruir um lugar tão sagrado. Na manhã seguinte, foi levado para o Palácio do bispo dom Duarte, em São Paulo.

Quem liderava o grupo de homens arruaceiros era o império infernal. Entraram no Palácio e, cegos por não encontrarem o bispo dom Barreto para matá-lo, destruíram as imagens dos santos, os vasos, as alfaias sagradas, o altar e o sacrário. *Não deixaram pedra sobre pedra. Como demônios, tripudiaram no Palácio.*[154]

---

[154] Dom Francisco de Campos Barreto. In: *Livro Tombo Arquidiocese de Campinas,* 1922-1939, p. 57A.

A fúria era tão grande que saíram sobre os escombros do que restou. De manhã, embora tenham voltado para incendiar o que restara, não conseguiram, porque havia soldados no lugar, o que era raríssimo já que todos foram participar da revolução. Alguns anarquistas foram presos.

As missionárias procuravam saber notícias de dom Barreto. A situação era grave. No dia 26, Amália escreveu uma carta para o bispo, a quem ela chamava de Bom Pai, relatando que foi com muita alegria que receberam notícias dele, que ela estava a seu lado e pedia a Deus que voltasse logo para Campinas.

> *Mas, lembro ao querido Pai, o que Nossa Senhora me disse, que tudo é para maior glória d'Ela e de Jesus; o bom Pai ama Jesus e Maria, por isso é assim perseguido. Louvado seja Deus! Os trabalhos dessa vida são tão passageiros, e a glória é imortal.*
> *(...) Meu Pai, quem fez estas coisas foi um punhado de bárbaros, nos quais o demônio se meteu; muito bom é pedir por eles, para que Nosso Senhor lhes perdoe. Não é verdade?* [155]

Uma das lições maiores que Amália aprendeu em seus êxtases foi o poder do louvor, por isso louvou a Deus pelo que aconteceu com seu bom pai. Assim, passou todo o acontecimento para a liderança de Deus. Outra questão forte, que ela aprendeu, foi a incrível força que existe no perdão. Ao perdoar, a pessoa magoada larga o fardo que lhe pesa e também elimina o peso da culpa no agressor. Dom Francisco de Campos Barreto

---

155 *Vida Íntima I*, 22-10-1930.

sabia disso, entendeu a mensagem, ao voltar para Campinas. No dia 5 de novembro, foi recebido com festividades na catedral por uma multidão de fiéis católicos. Então, foi até o distrito policial, perdoou aos agressores e pediu a Deus o perdão para eles.

> *Se alguma coisa posso perante V. Exa. neste momento, suplico-lhe a liberdade para esses senhores, para os quais peço ainda as luzes do céu a fim de em tempo se voltarem para o caminho de bom católico, sempre e em toda parte respeitosos para com as autoridades da Igreja.*[156]

As batalhas e as mensagens

A vida recomeçou o curso normal no Instituto. O que para muitos não quer dizer "normal". Amália tinha várias batalhas com o inimigo, inclusive ele a fazia escrever cartas de conteúdo maldoso[157]; os estigmas internos eram constantes, e os externos aconteciam também; continuou com os êxtases, de cujas mensagens madre Josefina tomava nota.

A partir de novembro, as mensagens traziam vários ensinamentos e também havia mensagens elaboradas por Amália. Os princípios eram sobre: humildade, asede de almas, sofrer com Jesus; pureza de Maria, simplicidade e humildade; Jesus se queixa; Maria, a melhor e mais fiel conselheira; Maria fala da humildade e da

---

[156] Carta do Sr. Bispo ao Sr. Delegado de Polícia. In: *Actos do Governo da Diocese de Campinas*, 25 de novembro de 1930, p. 130.

[157] Essas cartas estão publicadas nos livros *Vida Íntima I e II*, pela Editora Imaculada, organizadas por Rita Elisa Sêda.

mansidão de Jesus; Maria ensina a sofrer com Jesus; consoladora dos aflitos; Maria, a alma em trevas; abandono fala da paixão; segredo das almas generosas; presídio de amor; minhas humilhações são vossa força; consolai os que choram, e eu vos consolarei; a Ciência das ciências; como devemos interceder pelos pobres pecadores; pensamentos consoladores; como consolar a Jesus nos dias de Carnaval; a sublime dignidade de uma esposa de Jesus; Jesus dando-nos Maria como nossa mensageira; Maria conversa com um seminarista.[158]

[158] Todas essas mensagens se encontram no livro: *Irmã Amália e a devoção a Nossa Senhora das Lágrimas*; São Paulo – Editora Imaculada, 2023, Rita Elisa Sêda.

AS LUTAS COM O INIMIGO INFERNAL

É verdade, meu Pai do céu, que tem horas que não me posso governar, quando o bom Deus permite que o demônio venha me fazer suas acostumadas judiações! Mas nisto creio não ter culpa, porque é permissão divina para sofrer, sofrer até o extremo! Com isto me conformo, porque estou em suas Santíssimas mãos, para tudo que lhe aprouver, porém o que eu quero dizer a meu Pai do céu é que não quero ofender a Jesus, nem com falta leve.[159]

Quase que diariamente, Amália tinha lutas terríveis com o inimigo infernal. Para derrotá-lo, usava de sua fé e do louvor a Deus. E o inimigo era derrotado. Muitas vezes, ela pedia ajuda a Nossa Senhora das Lágrimas, como aconteceu no dia 28 de fevereiro de 1931, quando lutou com o demônio e venceu. Então, o diabo disse que o poder vinha de uma mulher... Maria.

Ó, Mulher, tu me esmagaste a cabeça!
Ó Mulher, onde tu entras eu tenho de sair!
Ó Mulher, a teus devotos mal não lhes posso fazer!
Ó Mulher, tu me derrotaste quando pronunciaste o fiat: Ecce ancilla Dominum e continuas a derrotar-me com tua proteção aos viandantes deste exílio!
Ó Mulher, grande, grande és no céu! Acima de todos os santos e anjos do Paraíso, tens teu trono para minha derrota!
Para minha derrota, és a tesoureira dos divinos favores! Aos que te são fiéis, para minha derrota, nada me deixas fazer!
Para minha derrota, aos que te invocam, ainda em pecado, na hora da morte me roubas!
Para minha derrota, teu Filho a fez proclamada Medianeira de todas as graças!

---

159 *Vida Íntima I*, 4-8-1930.

Obrigas-me a cantar tuas grandezas! Como teu braço é portentoso! Até os demônios têm de render-te homenagem! Grande, grande é teu poder diante do Altíssimo, e tenho de confessar que são bem-aventurados os que têm a ventura de te possuir como tesouro!
Da família que te deste como riqueza não posso roubar nem um membro!
Meu trabalho é inútil em tal família, porque tu, ó Mulher, com teus merecimentos, sustentá-los e encorajas de forma que a meus convites não podem ceder! Quando me acerco de um membro desta família, logo vens tu e me dizes: dou-te só licença de perturbar para merecer meus carinhos. E, assim, é que me afastas dos membros desta família, que amaldiçoarei sempre, por possuir um tal tesouro! [160]

Aqui está uma mostra do que predisse Nossa Senhora das Lágrimas quando apareceu para Irmã Amália: o demônio tinha de revelar ao Instituto o que a Coroa das Lágrimas fazia a favor da Igreja militante.

Depois de cada batalha, Amália ficava frágil, cansada, esgotada. Houve lutas que duraram mais de 10 dias. Embora Jesus tenha avisado antes e pedido consentimento, nunca foi fácil. Ela estava com o coração lesado por causa da transverberação e porque seus anseios de menina não foram realizados: livre acesso para consolar os que choram.

Algumas vezes, o inimigo infernal aparecia em sua cela como se fosse um santo, até mesmo na forma de São Francisco, com o intuito de deixá-la abalada psicologicamente, desconfiada quando visse verdadeiramente um santo ou anjo, conforme viu Santa Teresinha do Menino Jesus, Santa Margarida, Querubins; seu Anjo da Guarda lhe aparecia sempre.

---

[160] Glórias e Poder de Nossa Senhora das Lágrimas, 1934, p.48.

Desideratum

A meu Anjo da guarda me entrego para que ele [olhe] *por mim, não deixando os inimigos tomarem posse de mim.*[161]

O tempo de expiação, pedido por Jesus a sua querida Amália, era penoso demais para ela. Muitas vezes, sentia que não ia aguentar tantas tentações do demônio. Ela travava enormes batalhas contra o espírito maligno que a atormentava durante dias e noites, para que deixasse de ser tão pura, tão humilde, tão crente, tão amante da sabedoria divina, principalmente, porque ela trazia em si as marcas da Paixão de Cristo.

Jesus só a deixava sozinha no momento da expiação, por pouco tempo, mas para ela era uma eternidade. O tempo dela passou a ser contado por meio do relógio espiritual dos segundos com seu amado; era o que valia. O tempo em que ficava a mercê do inimigo infernal parecia também infinito; tinha receio de sucumbir, de não aguentar. O inimigo aparecia quando ela expiava alguma alma muito pecadora, com pecados mortais. Contra esses pecados, que ficavam impregnados nela, tinha de lutar. O inimigo, que vinha junto com o pecado, era astuto, fazia com que Amália o sentisse em sua totalidade e tentava fazer com que ela pensasse estar pecando. Aproveitava do momento e fazia com que ela escrevesse cartas para dom Barreto ou para a madre Maria Villac, pois eram os anjos que Jesus deixou para

[161] *Vida Íntima I*, 13-7-1930.

socorrê-la na hora de necessidade suprema, quando Jesus não pudesse interferir.

Sim, se Jesus aparecesse no instante de seu sofrimento, lutando contra um pecado, para poder purificar o pecador, não seria uma luta por meio do gênero humano, mas pelo divino. Pode até parecer algo muito radical, mas Jesus sabia até onde Amália aguentaria; por diversas vezes, Ele a acudiu antes que sucumbisse. Mesmo assim, deixou um tratado escrito para dom Barreto e madre Maria Villac cuidarem de Amália.

Seu desejo, desde criança, era cuidar dos menos favorecidos; se preciso fosse, ela se internaria em um hospital para ficar ao lado dos doentes e moribundos. Mas, por causa de ser ponto focal para a mídia, precisava se resguardar dentro da Casa Mãe ou viajar e ajudar a implantar uma casa nova em uma cidade bem distante, até mesmo em outro estado, permanecendo incógnita. Ela queria dar vazão à caridade de consolar os que choram. Queixou-se a Jesus, que novamente lhe disse: "Mais tarde".

> *Quando as portas desta abençoada casa se abriram para mim, pensei então: quem sabe aqui eu vou dar expansão aos desejos de Jesus em meu coração. Jesus logo começou a segurar-me em casa, então chorei; disse: jamais poderei ir consolar os que choram!*
>
> *Logo, Jesus me pediu que me oferecesse como vítima e pronunciei o fiat, e começou a Divina Justiça a me punir. Então, impossibilitada de sair, disse a Jesus: e os desejos que me destes desde menina onde estão? Vede, Jesus, que amo tanto os pobres, os aflitos, e nem nesta casa posso dar expansão a meus desejos? Só ouvia esta resposta: mais tarde!*

Ontem me achando em viagem a uma de nossas Santas Casas do Instituto, meu coração e minha alma sentiram desejo inexplicável de fazer o bem à humanidade sofredora. Desejei naquela hora estar em todos os recantos da terra, consolar os aflitos não só de corpo, como também de alma. Aos tíbios desejei mostrar-lhes as chamas abrasadoras do Coração Santíssimo de Jesus. Desejei entrar nos Seminários onde jovens se preparam para a grande e sublime vocação do Sacerdócio para lhes mostrar como são afortunados em possuírem tal tesouro da vocação. Desejei estar ao lado dos leprosos e dar-lhes todo o conforto, suavizando suas tristezas. Desejei estar ao lado dos inválidos que, por avançada idade, tornaram-se crianças e precisam de carinhos e de corações generosos que se compadeçam de suas necessidades. Desejei, enfim, reunir em um grande hospital todos os que choram e gemem neste vale de lágrimas e a todos alegrar, mostrando-lhes o quanto Jesus os ama!

Porém, como realizar tal desideratum? Pobre como sou, nenhuma virtude possuir e cheia de pecados. Como fazer?

Disse a Jesus: eu quero, meu doce Jesus, dar expansão aos desejos que pusestes em meu coração desde a infância. Dizei-me como devo fazer, porque de hoje em diante desejo começar a dar expansão a vossos desejos!

Ouvi uma doce voz que me dizia: esperei que entrasse neste Pombal querido, para realizares teu "desideratum", que é o meu, isto é, consolar aos que choram e a todos que têm a desventura de não me conhecer. Como farei isso? Perguntaste-me. Eu te respondo: construindo um grande hospital em meu coração. Como construir tal hospital? Com tua confiança em meu amor. Porém, como já confiantes, de hoje em diante verás em meu Coração um suntuosíssimo Palácio, que há de servir de abrigo a todos os necessitados que tu fores buscar.
Tens de fazer um pacto comigo que deve ser com teu sangue assinado, juntamente com a assinatura dos queridos filhos deste abençoado Pombal: Monsenhor Francisco de Campos Barreto e Maria do Calvário, porque eles também tomarão parte nesta grandiosa obra. Isto se meu filho M.F. de C.B. aprovar, que creio, não me negará tal pedido que redunda em benefícios à humanidade sofredora.
Minha filha, esta obra é de grande consolação, consolar os que choram; porém como te é impossível ir visivelmente ao lado de cada um, necessário é que a todos que desejas beneficiar os reúnas em meu Coração e a todos contenta-

rás, dando em abundância meus tesouros, pelas mãos de minha celeste Mãe.

Disseste-me que és pobre, enganas-te; és riquíssima, porque tu és minha esposa e possuis meus tesouros. Bem sabes que Maria também te foi dada; portanto és riquíssima, podes beneficiar a quem quiseres, formando em meu Coração este suntuosíssimo Palácio e repartindo com todos minhas riquezas.

Desejaste ser milionária para matar a fome dos pobrezinhos, agora és milionária, não de ouro deste mundo, que é fumaça que se esvai; mas sim milionária de ouro imortal que não desaparece com a morte; és riquíssima, é só saberes aproveitar de meus tesouros e não ser egoísta, dar e dar sem medidas.

Minha filha, chamei-te para [ser] *vítima de minha Misericórdia, para que ela seja compreendida; sofrerás, e sofrerás muito, para que nos corações empedernidos entre a luz desta infinita caridade que me abrasa; porém não contente com isto, desejo que, de hoje em diante, até que o mundo deixe de existir, sejas juntamente com meus diletos filhos: Francisco e Maria, os distribuidores de minha infinita caridade com tuas orações e teus sacrifícios, tirando de meu amável coração centelhas de caridade, que me abrasam, para dares em abundância aos que choram, quer moral, física ou espiritualmente.*

Como consolar aos que choram? Só se consola verdadeiramente os que choram mostrando-lhes meu amável coração tão desejoso de fazer o bem. Eis tua missão M. F. de C. B.[162] *e Maria do Calvário; e, tu, alma que me ouves* [Irmã Amália], *a verdadeira consolação dos aflitos sou eu mesmo, com minha terna compaixão.*

Neste grande hospital, unidos todos os que sofrem, eis tua sublime missão: "Consolar com meu Coração e salvar almas". Quem dá meu coração dá a salvação. Agora, alma que me ouves, que tantos desejos tinhas de ser milionária para consolar os que sofrem, eis que agora teus desejos estão realizados, és milionária não de ouro que passa; mas sim do meu ouro divino, do meu Coração.

Neste amável coração, construíste um hospital e, agora, traz aqui todos os que sofrem; tu vais ser a enfermeira, meu anjo consolador; muito terás de sofrer porque és vítima para que eles compreendem meu amor e [se] *aborreçam* [com suas] *iniquidades. Quando a meu lado, aqui na mansão celeste estiveres, hás de continuar tal missão, porque este é teu desejo ardente e os desejos de fazer o bem não os*

162 Monsenhor Francisco de Campos Barreto.

apaga na Cidade Santa e Eterna; ao contrário, mais e mais, aperfeiçoe-os; portanto, enquanto houver uma alma sofredora neste exílio, descerás para lhes mostrar e meu amável coração aberto para os receber. Os que não quiserem ouvir se perderão para sempre.
Escreve agora o pacto que te vou ditar [e que será] *assinado com teu sangue.*
À tua assinatura devem se juntar as de meu filho Monsenhor Francisco de Campos Barreto, se aprovar, e de minha filha Maria do Calvário:

"Deus Eterno de infinita caridade, desejosa de fazer o bem, a vós me apresento em transportes de santa alegria por ver realizados nossos desejos que, desde a infância, pusestes em meu coração.
Por minha livre e espontânea vontade, desejo agora, a quanto houver uma alma a salvar, sacrificar-me por cada uma em particular, enquanto vós permitirdes que eu esteja neste exílio; e depois deste desejo voltar, trazendo a todos os que sofrem quer fisicamente, ou moralmente, ou espiritualmente as doçuras de vosso amável coração. Ó néctar divino, em seus lábios ressequidos pela dor, eu[os] desejo por desejo, dizendo-lhes: Ó vós todos os que sofreis, alegre-vos; grande será vossa recompensa na mansão da glória, se souberdes sofrer por amor daquele que, por vosso amor, tanto sofreu no alto da cruz!
Ó meu Deus, eternamente misericordioso, desejo sofrer sem medida, assim como vós por mim sofrestes, para vos dar a conhecer, consolando assim as almas que vivem, neste vale de lágrimas, tão torturadas com o pensamento de que vós não as amais.
Ó Deus de amor infinito, a vosso amável coração quero trazer todos os que gemem e choram para que lhes mostreis o quanto os amais.
Ó Deus de infinito amor, neste suntuosíssimo palácio de vosso amável coração, consolareis a todos os leprosos, aos inválidos, aos órfãos, aos mendigos, a todos, enfim, que sofrem, vós os saciareis; e eu vos prometo a todos trazer; porém os que não quiserem entrar entregai-os a outras almas que os saibam convencer com sua generosidade nos sofrimentos, porque eu nenhuma tenho.
Meu Deus, como eu sou feliz, possuo o que tantos anos desejava, possuo um grande Palácio para abrigar a todos que sofrem. E que Palácio é este? Vosso amável coração!
Ó Anjos do Paraíso, cantai em transportes de santa alegria; possuo um grande Palácio para abrigar os que sofrem, os pobres não mais morrerão de fome! Que ventura, cantai e

louvai! E vós, ó Virgem Puríssima, meu tesouro, vós sois a primeira que ides exercer esta tão bela missão.
Declaro-vos, ó meu Deus, minha gratidão e assino-me com santa alegria.
Do Reino da Misericórdia, do Tabernáculo Santo – JESUS, Rei de Misericórdia pelas Mãos de Maria.
Os distribuidores neste grande Palácio: minha celeste mãe, MARIA, como tesoureira, será fiel consoladora dos aflitos; todos os Patronos de nosso querido Pombal auxiliarão nossa obra com Monsenhor Francisco de Campos Barreto e Maria do Calvário.[163]
Do Reino da Misericórdia, do Tabernáculo Santo – JESUS, Rei de Misericórdia pelas Mãos de Maria.

[163] *Vida Íntima II*, 6-3-1931.

O REINO DA MISERICÓRDIA

Vossa filha quer cantar vossas misericórdias até o fim de sua existência e, depois desta vida mortal, voltar à terra e infiltrar em todos os corações o conhecimento de vossa misericórdia.[164]

Jesus sempre se colocou para Amália como a Infinita Misericórdia. Ele não envia mensagens de fim do mundo ou de catástrofes para a raça humana. Tudo o que ele queria era a conversão dos pecadores e que o procurassem para se abrigar debaixo de seu amor. Da mesma forma que Jesus se pronunciava para irmã Faustina Kowalska, falava com Amália a respeito da misericórdia. Eram muitas mensagens: Jesus, rei da misericórdia; cooperemos com a misericórdia para nossa santificação; Jesus tinha sede e fome na Quinta-feira Santa; Maria, mãe de misericórdia; confiemos cegamente em Jesus; Maria a todos quer dar Jesus; Maria conduzindo as almas a Jesus; amor generoso.[165] Em todas essas mensagens, existem explicações a respeito da misericórdia divina.

[164] *Vida Íntima I*, 13-7-1930.

[165] Todas essas mensagens se encontram no livro: *Irmã Amália e a devoção a Nossa Senhora das Lágrimas*; São Paulo - Editora Imaculada, 2023, Rita Elisa Sêda.

ICONOGRAFIA DA IMAGEM DE NOSSA SENHORA

A oração da coroa de Nossa Senhora das Lágrimas, assim como as estampas e medalhas ganharam fiéis por toda nação brasileira. A coroa era rezada nas casas de família, às 19h ou em qualquer outro horário, nas igrejas, antes ou depois da missa, e até mesmo nas ruas. A devoção se espalhou, e os fiéis queriam mais informações a respeito da aparição, por isso questionavam. Uma das questões levantadas por eles era para quem Jesus ensinou as orações e como aconteceu.

Madre Maria Villac, que sempre teve o dom do discernimento, disse para Amália escrever uma carta explicando o acontecimento. A carta foi publicada em diversos jornais, sendo poupado o nome da missionária. Também os nomes de Paulo (irmão da madre Villac) e de sua esposa (Clarice) não constaram, porque, se revelados, tiraria a privacidade deles, seriam assediados por repórteres, por isso, no lugar dos nomes, colocaram letras aleatórias: "T" e "F". Eis como ficou na íntegra, com a grafia da época.

> *F. estava muito triste, porque seu irmão T. tinha-lhe dito que os médicos davam o caso de sua esposa como sem remédio neste mundo, e F., com lágrimas nos olhos, disse-me: o que será das criancinhas? Senti que um impulso*

me chamava aos pés do altar; fui a seus degraus, nos quais me ajoelhei, e, com os braços abertos, disse a Jesus: não há esperança de salvação para a esposa de T., eu daria minha vida para salvar uma mãe de família. O que quereis que eu faça? Jesus me respondeu: se queres alcançar esta graça, pede-me pelas Lágrimas de minha Mãe.
E eu lhe disse: como hei de pedir?
Aí Jesus deu-me as invocações: meu Jesus, ouvi nossos rogos, pelas Lágrimas de vossa Mãe Santíssima!
Vede, ó Jesus, que são as Lágrimas d'Aquela que mais vos amou na terra e mais vos ama no céu.
Acrescentou Jesus: minha filha, tudo o que os homens me pedirem pelas Lágrimas de minha mãe, sou obrigado amorosamente a dar. Mais tarde, minha querida mãe entregará, por amor, este precioso tesouro a nosso querido Instituto, como ímã de misericórdia.
Isso se deu no dia 8 de novembro de 1929, às dez e meia da manhã. E a sra. boa madre, sabe bem que nossa doente desenganada sarou perfeitamente.

Outra questão que todos desejavam saber era a respeito das vestes de Nossa Senhora das Lágrimas, que era tão diferente das outras imagens que estavam acostumados a ver![166] Nossa Senhora, que veio socorrer e responder aos pedidos, explicou tudo: a razão do manto ser azul, o véu branco, a túnica roxa e quais são os significados. Até mesmo disse a respeito de seu sorriso, de seus olhos Inclinados, a coroa de brancas pérolas, o tesouro de suas Lágrimas, o farol à meia-noite, as pérolas do calvário, a via -sacra do verdadeiro amor.[167]

[166] Geralmente, as aparições de Nossa Senhora são com véu, manto e túnica. As cores têm significado muito grande, assim como alguns ícones singelos. Nossa Senhora da Rosa Mística: três rosas no peito (amarela, branca e vermelha); Nossa Senhora de Lourdes, uma rosa em cada pé; Nossa Senhora de Guadalupe, uma lua embaixo dos pés; Nossa Senhora das Graças, raios de luz das mãos e o pé matando a serpente são algumas das aparições; existem muitas mais.

[167] Todas essas mensagens, na íntegra, encontram-se no livro: *Devocionário de Nossa Senhora das Lágrimas*. Aparecida: Editora Santuário, 2022, Rita Elisa Sêda.

Também ensinou como se deve consagrar a Nossa Senhora.[168]

Uma das lindas explicações é que o *Manto Azul*, ao ser contemplado, dá força para os que estão em dificuldade, aos que estão excluídos, aos que sofrem, aos que almejam justiça, aos penitentes, aos que levam a boa nova do Reino de Deus e a todos que entendem que o manto é a promessa de um dia estarmos no céu, porque o próprio manto é Deus, abrigando nossa alma contra as ciladas do inimigo. O véu é branco – pela pureza; a túnica é *Roxa* – pela Paixão. Seus olhos inclinados são uma mostra de sua compaixão para a humanidade. Inclusive disse que nenhum escultor teria a capacidade de reproduzir esse olhar.

Nossa Senhora das Lágrimas deixou-nos a promessa de que, onde reinar sua Imagem, onde for introduzida, quem a contemplar com o devido respeito e sabedoria estará diante de seu olhar, que trará muitas graças de alto preço a essa pessoa, conseguindo que ela experimente a proteção consoladora da mãe do céu.

---

[168] Este método ensinado por Nossa Senhora das Lágrimas encontra-se no livro: *Consagração a Nossa Senhora das Lágrimas*. Aparecida: Editora Santuário, 2023, Rita Elisa Sêda.

MAIS MENSAGENS

Meu Jesus Crucificado, fazei que jamais vos ofenda. Compadecei-vos de mim.[169]

Jesus continuou aparecendo para sua amada Amália, que se tornou uma violetinha em seu jardim, por causa do alto grau de humildade. A simples violeta é aquela que fica escondida até mesmo na grama e, ao ser pisada, exala aroma, tem a flor roxa. Por isso, na primeira estampa da imagem de Nossa Senhora das Lágrimas, em cima da balaustrada onde estão os oito lírios brancos (as oito fundadoras do Instituto), existe um canteiro de violetas. E a estampa mais atual traz um contorno de violetas nas pombinhas que estão aos pés de Nossa Senhora.

Por meio de sua preciosa violetinha Amália, Jesus deixou para nós belas mensagens de amor, de esperança, de confiança, para nossa conversão. Ela também escreveu suas próprias mensagens: o valor de meu sangue derramado por amor; em que consiste a união da alma com o amado; Pai-nosso e ave-Maria meditados; livro confortador das almas que gemem e choram neste vale de lágrimas; divinas esmolas; médico divino; espírito de sacrifício; amor, o mais erudito dos mestres;

169 *Vida Íntima I*, 13-7-1930.

todos fostes chamados ao banquete; imitação de Jesus Crucificado; a rainha dos lírios; lições de amor divino; do Getsêmani ao Calvário.[170] Durante os anos de 1930 e 1931, a exortação a Jesus foi a respeito de sua misericórdia. A maioria dessas mensagens traz esse tema central.

[170] Todas essas mensagens, na íntegra, encontram-se no livro: *Irmã Amália e a devoção a Nossa Senhora das Lágrimas*; São Paulo: Editora Imaculada, 2023, Rita Elisa Sêda.

A PLENA LAPIDAÇÃO

> *Meu bom Jesus misericordioso, que eu saiba aproveitar das fontes, que me deixastes para me santificar.*[171]

Muitas vezes, Jesus chamou Amália de miseriazinha, amada, esposa, violetinha, pedra bruta. Miseriazinha, porque estava ainda aprendendo a sabedoria divina; amada, porque aceitava as dores dos estigmas e a expiação dos pecados; esposa, porque assim foi prometido e se cumpriu; violetinha, por causa da humildade adquirida por ela, ensinada por Jesus.

> *Ah! A violeta estava escondida em sua verde ramagem e não desejava ser vista! Sim, apesar de saber de tudo, da perseguição de Herodes, calei-me e em meu silêncio pratiquei um sublime ato de humildade, não revelando minha sabedoria a minha mãe e a José, que tanto me amavam! Assim procedi, porque desejava, hoje, dizer-vos: "Aprendei de mim que sou humildo de coração, e isto na verdade".*[172]

Amália passou por todas essas fases ao longo dos anos, havia chegado a vez da lapidação da pedra bruta. Talvez ela já soubesse disso... ou talvez não. Há tantos mistérios na vida dela que não foram escritos, que precisamos saber pelo poder da alma. O certo é que se

---

[171] *Vida Íntima I*, 21-7-1930.

[172] *O Bom Combate na Alma Generosa*, p. 101.

preparou para entregar a pedra bruta de seus sentidos humanos: sua língua, seus olhos, seus ouvidos, seu tato (andar, sentar etc.) para serem lapidados por Jesus, por meio de golpes de cinzel, mesmo sabendo que isso aconteceria... com muita dor. Porém, ela queria a perfeição. Jesus disse:

> *Almas minhas, que tanto desejais a perfeição, vou, hoje, mostrar-vos que meu amor é o cinzel sagrado, que vai lapidar vossa alma, para que minhas divinas perfeições em vós se reflitam.*
> *(...) O amor, desejoso de lapidar esta alma, enamora-a e lhe faz desejar o sacrifício. Começa então a pedir sacrifícios! Meu Deus, dai-me a loucura da Cruz, dai-me o martírio de amor, a sede de humilhações! Esta é hora bendita em que o Divino Lapidador começa a usar de seu cinzel.*
> *(...) O que é que aconteceu a esta alma tão fervorosa? Aconteceu o que ela pediu a loucura da cruz! O divino amor começou sua obra de perfeição.*
> *(...) Como se pode ser louco na cruz, se não for nela pregado? Como se pode ter sede de humilhações, sem ser nelas saciado? Como se pode sofrer o martírio do amor, se não martirizado? É preciso, almas minhas, que tanto desejais a perfeição, que reflitais e leveis a sério negócio tão importante.*
> *(...) O amor precisa lapidá-la, tornando-a, de bruta, uma pedra preciosa, em que todos possam ver minhas divinas perfeições. São dolorosas estas lapidações; sim, são dolorosas e custam tanto, que muitos morreram no combate, sem ter adquirido o descanso neste mundo.*
> *(...) Depois de bem lapidar o coração, vem a necessidade de lapidar todo o vosso exterior, a língua, os olhos, os ouvidos, enfim toda a vossa natureza, a qual deve respirar santidade como um corpo, em que habita a Santíssima Trindade.*[173]

Os golpes de cinzel tiram lascas internas do coração; lascas externas: dos olhos, dos ouvidos, da língua e das maneiras de andar, sentar etc. Amália deixou-se ser lapidada.

---

[173] *O Bom Combate na Alma Generosa*, pp.101 a 108.

DIVULGAR O PODER DAS LÁGRIMAS DE MARIA

No dia 8 de dezembro de 1931, dia comemorativo à Imaculada Conceição, Amália Aguirre Queija professou seus votos perpétuos. Tornou-se oficialmente a esposa de Jesus, a Irmã Amália de Jesus Flagelado, missionária de Jesus Crucificado.

Logo depois, foi enviada para residir na *Casa Generalícia*, na mesma cidade... Campinas, para poder ter um pouco mais de privacidade. Essa casa, até mesmo sua capela, era bem maior que a Casa Mãe. A verdade é que não importava em que lugar fosse, na capela, no quarto, no corredor, na cozinha, no jardim, na sala... seja onde estivesse, se Jesus ou Nossa Senhora quisessem conversar com ela, eles o fariam.

Por ter via de acesso de automóvel da rua para o interior da propriedade, Amália podia entrar em um veículo sem ser vista, pôde viajar para outras cidades. Assim ajudou a fundar e deu assistência na formação e fundação de diversas casas das missionárias de Jesus Crucificado em várias cidades do interior de São Paulo, Minas Gerais e Bahia.

Nesses locais onde Irmã Amália permaneceu por um tempo, os fenômenos místicos continuaram. Ela escreveu cartas para sua boa madre (madre Maria do Calvário) ou para seu bom pai (dom Barreto) em que citou sobre os estigmas internos se abrirem, sobre as almas pecadoras, sobre a tentação do inimigo, sobre os anjos e alguns santos a visitarem e sobre seus êxtases.

Oferecimento

No dia de natal de 1931, Irmã Amália fez um oferecimento que dom Barreto e madre Villac assinaram como testemunhas:

> *Meu Jesus Crucificado, que me chamastes com tanto amor para este Pombal de vossa infinita misericórdia, nas mãos de Nossa Senhora das Lágrimas, Rainha e mãe deste Pombal querido, e tendo como testemunhas o pai, que me destes como guia, e a mãe, que me destes como guarda, ofereço-vos meu pobre coração para nele sofrer o que vos aprouver para difusão da qualidade que entregastes a este Pombal, qualidade de vosso amável coração, a qual é a rainha das virtudes, e tem como pai adotivo nosso fundador Monsenhor Francisco Maria de Campos Barreto, pastor desta Diocese de Campinas.*
> *Meus Jesus Crucificado, confiando em vossa graça, entrego-me a este novo martírio, ao qual espero resistir por vosso amor e sucumbir na dor, se preciso for, para maior expansão dessa bela qualidade de vosso amável coração, tão pouco compreendido pelos homens!*
>
> *E vós, minha mãe das Lágrimas, dai-me todos os dias o valor destas, para que sempre seja generosa na santíssima vontade de meu esposo crucificado.*
>
> *Levai, mãe querida, minha oferta a Jesus, gravai nela o nome de meu padrinho, Monsenhor Francisco Maria, e de minha madrinha, Maria do Calvário.*
> *Eu, a mais pobre deste Pombal, dou-vos meu coração.*
> *Irmã Amália Maria de Jesus Flagelado*
> *25-12-1931*
> *Eu, Francisco Maria de Campos Barreto, assino com todo amor esta oferta.*

Eu, Maria do Calvário, como mãe desta vítima, assino com todo amor esta oferta.[174]

Divulgação da oração da coroa das Lágrimas

A Ela eu entrego a causa da salvação de minha alma, entregando-me sem reserva em seus braços maternais. Bem sei que não mereço ser por ela atendida, mas também sei que ela é Mãe dos pobres pecadores; por isso, nela confio sem reserva.[175]

Como sempre, dom Francisco de Campos Barreto teve discernimento divino. Entendeu que era a hora de as mensagens de Jesus e Maria serem divulgadas por todo território nacional. Para que isso acontecesse com maior facilidade, no dia 8 de março de 1932, reforçou a veracidade das aparições marianas à missionária de Jesus Crucificado e concedeu as devidas autorizações, o *Imprimatur*, para que fossem publicadas em periódicos e livros.

Dom Barreto decidiu no tempo certo, porque novamente o Brasil estava em crise política. O descontentamento com o governo federal era grande. Tanto que, no dia 9 de julho, houve um levante popular contra o presidente da república Getúlio Vargas. Reivindicavam as promessas por ele feitas: a promulgação de eleições presidenciais e uma nova Constituição. Começou uma luta armada. Era preciso muita oração. Dom Francisco de Campos Barreto sabia que era necessária uma crescen-

---

174 *Vida Íntima, 25-12-1931*

175 *Vida Íntima I,* 13-7-1930.

te divulgação da Coroa das Lágrimas e das mensagens de Jesus e Maria para ajudar a nação sair daquela crise.

E os jornais católicos começaram a divulgar essa devoção. O *Lar Cathólico* publicou:

> *Maria brilhará, mais do que nunca, em misericórdia, em força e em graça, nos últimos tempos: em misericórdia para conduzir e receber amorosamente os pobres pecadores e desviados, que se converterão e voltarão à Igreja Católica; em força contra os inimigos de Deus, os idólatras; (...) enfim, ela brilhará em graça, para animar e sustentar os soldados valentes e fiéis servidores de Jesus Cristo, que combaterão pelos seus interesses...*[176]

Nessa mesma matéria, o jornal disse que o mundo necessitava de uma nova *Arca de Salvação*: *Ela própria*, expressão feita por Nossa Senhora das Lágrimas em uma mensagem. O Lar Católico divulgou o pedido de Maria para que fosse entronizada sua imagem nas casas de famílias; para isso a imagem de Nossa Senhora das Lágrimas ia peregrinar. Maria queria...

> ... *o estabelecimento* [da imagem] *nas famílias e nas casas religiosas, que lhe derem acolhimento, da Hora de Nossa Senhora das Lágrimas, que consiste em cada família ou casa religiosa escolher um dia do mês e às 7 horas (da noite), sendo possível, ficar obrigada, por amor, a recitar a Coroa das Lágrimas, em união com a sua Solenidade e prometeu que estenderá seu manto protetor sobre todos os que recitarem essa Coroa.*[177]

Aquila, redator do jornal, incentivou a população brasileira a se abrigar sob o manto azul de Nossa Se-

---

[176] *Nossa Senhora das Lágrimas*; Aquila. In: *O Lar Catholico*: Juiz de Fora, MG, 1932, p. 3.

[177] Ibidem.

nhora das Lágrimas, refugiarem-se na Arca da Salvação, que é a Virgem Dolorosa, que, orvalhando as almas com suas Lágrimas benditas, sobre elas atrairia em profusão as bênçãos de Jesus. Diversos outros jornais fizeram o mesmo, divulgaram a devoção às Lágrimas de Maria Santíssima.

A AJUDA ESPIRITUAL

Além da parte espiritual, dom Barreto sabia que precisava ajudar seus diocesanos com auxílio material, conciliar os combatentes, pois era preciso paz. Ele forneceu recursos materiais, conquistando o poder da caridade dos paroquianos de toda a sua diocese, para que não sofressem privações. Espiritualmente, a recomendação era pela paz. Irmã Amália de Jesus Flagelado apresentou a mensagem: normas de educação cristã e pedido de paz.

> *(...) Mães, se amais a Pátria Brasileira, combatei por amor de Jesus Crucificado as modas indecentes. Prometei a Jesus Sacramentado velar pelos filhos que Ele vos confiou, dando morte a essas modas que fazem de vossas filhas pedras de escândalo!*
> *Quereis a paz? Prometei a Jesus Sacramentado amar sua santíssima Mãe, imitando-a em sua pureza, em seu grande amor e humildade.*
> *Quereis a paz? Prometei a esta Mãe rezar diariamente ao menos um Terço de seu rosário e a Coroa de suas benditas Lágrimas em união com sua soledade.*
> *Quereis a paz? Prometei a Jesus Sacramentado nunca mais deixar de visitá-lo em sua prisão de amor, ao menos uma vez por dia. Quereis a paz? Prometei a Jesus Sacramentado trabalhar com afinco em vossa santificação, usando para isso dos meios a vosso alcance, conforme a condição na qual Deus vos colocou.*
> *Quereis a paz? Tornai santas resoluções nestes dias de bênçãos aos pés de Jesus Sacramentado, onde Ele vos espera para receber vossa reparação amorosa e vossas santas resoluções, que deveis colocar nas mãos de Maria, a qual entregará vossa oferta ao Pai da Misericórdia e Ele generosamente vos há de abençoar.*

Filhos, sede dóceis por amor de Jesus Crucificado, rompei de uma vez para sempre com os divertimentos pecaminosos; amai a castidade; amai vossos pais, cede-lhes obedientes, rezai com eles o santo Terço, a Coroa das Lágrimas.[178]

Os fronts de batalhas, durante a revolução foi abastecido com cerca de dois mil soldados campineiros, e o número de baixas foi de 26 combatentes. Antes de irem para a batalha, os soldados passavam na igreja, o Santíssimo ficava exposto. Muitos ali foram batizados, centenas deles se confessaram e receberam a Sagrada Comunhão. A maioria de famílias católicas devotas a Nossa Senhora das Lágrimas oravam pedindo a paz no Brasil.

Havia uma forte lembrança do episódio da Sexta-feira da Paixão, em 1929, quando uma lágrima de sangue, que verteu dos olhos da Irmã Amália, caiu formando, em cima do crucifixo, o mapa do Brasil. Os comentários eram que esse acontecimento foi o prenúncio de tantas revoltas na nação brasileira, 1930 e 1932.

Dois anjos em auxílio

No dia 5 de julho de 1932, irmã Amália deixou registrada em uma carta seu diálogo com Jesus, onde ela expôs seus medos, como ela mesma disse: suas misérias. Queria fugir para longe, cansada porque havia vencido uma batalha onde derrotou sete demônios que mostravam suas babas nojentas a querendo engolir. Queria fu-

[178] *O Bom Combate na Alma Generosa*, 1936, pp.136, 137.

gir dali, mas sabia que era como missionária de Jesus Crucificado que ela queria morrer. Jesus lhe disse que Ele mesmo havia aberto as portas do Instituto para ela ali morar. Que o abandono que ela sentia quando lutava contra os inimigos infernais porque expiava pecados que não eram delas, tinha de sofrer. "Sofrer sem remédio é tormento das almas vítimas".[179] Sem a esperança de ver Jesus e de amar Jesus. Duras penas para Amália que já havia experimentado os carinhos do seu Amado desde a infância. Disse-lhe que ela sabia muito bem que o demônio atormenta a alma dela porque ela era fiel a Jesus, porque ser fiel a Ele vale mais que todas as virtudes que ela podia praticar, "pois a fidelidade depende a tua perseverança na minha graça."[180]

Acrescentou que como cega ela deveria deixar-se conduzir pela vereda do Calvário. Para isso Jesus deu para ela dois anjos, que um faz as vezes de Jesus e o outro a da Mãe Maria, para que assim Amália bebesse o cálice amargo dos pecados das pessoas que ela expiava e, porque pagava pelos pecados alheios, os demônios a incomodariam. "Se tais anjos não tivesses teria de diminuir o amargor deste cálice."[181] Porém, Jesus dava para a Violetinha do Calvário cálice transbordando em amarguras.

Esses dois anjos são dom Francisco de Campos Barreto e madre Maria Villac, através de um tratado

---

[179] *Vida Íntima II*, 5-7-1932.

[180] Ibidem

[181] Ibidem

por escrito.[182] Através dos dons que foram impostos neles por Jesus, eram capazes de neutralizar a fúria do inimigo infernal quando irmã Amália estivesse em combates com demônios. Bastava o som dos passos de madre Maria Villac chegando onde irmã Amália estivesse para que os inimigos fugissem, dom Barreto afugentava o inimigo, muitas vezes, apenas pelo olhar. Dom Barreto e Madre Villac foram agraciados com esse poder, para poder ajudar Amália, a amada de Jesus. Era ela que sofria a subida do calvário expiando os pecados alheios, ela que também recebeu os estigmas da Flagelação e Crucificação. Por isso, precisava de ajuda, e Jesus elegeu esses dois anjos quando precisasse de auxílio.

Livros com as mensagens

Todos os acontecimentos sócio-político-religiosos na nação brasileira, desde que Jesus ensinou como conseguir bênçãos por meio do tesouro das Lágrimas de sua mãe, abriram feridas imensas no povo brasileiro que ansiava por uma cura espiritual e física. E, como Irmã Amália recebeu centenas de mensagens de seu amado esposo, de sua amada mãe e escreveu dezenas de mensagens, dom Barreto discerniu que era preciso entregar ao povo o bálsamo dessas mensagens. Por isso foram enviadas para a tipografia de obras do jor-

[182] *Vida Íntima I*, 7-7-1930

nal de Piracicaba, para serem publicadas. Por serem várias, fora preciso dividi-las em vários livros, cujo primeiro é *Lições de Jesus vítima, direitos autorais* do Instituto Missionárias de Jesus Crucificado, publicado em fevereiro de 1933, com *Imprimatur* e prefácio de dom Francisco de Campos Barreto. Assim, a devoção às Lágrimas de Nossa Senhora começou a se tornar ainda mais forte entre os católicos brasileiros.

No dia 20 de fevereiro de 1934, dom Francisco de Campos Barreto publicou uma carta em que reforçou a importância dessa devoção, constando que as Lágrimas de Maria representavam uma grande oportunidade para a humanidade, uma riqueza que só poderia se expandir, se fosse conhecida e amada. Então a adesão aos livros foi grande, sendo necessário que as outras mensagens fossem publicadas. A segunda publicação, no dia 8 de março de 1934, foi o livro *Glórias e Poder de Nossa Senhora das Lágrimas*, com *Imprimatur* e prefácio de dom Francisco de Campos Barreto. Posteriormente, publicou-se, em 5 de janeiro de 1935, *Do Presídio de Amor. Mensagens de Jesus, Maria e pessoais*, com *Imprimatur* de dom Francisco de Campos Barreto e tiragem de cinco mil exemplares, pelo *Instituto Missionárias de Jesus Crucificado*. O tema principal era Jesus no Tabernáculo, tanto que em sua capa constou: "Neste presídio voluntário, espero ansioso as almas de boa vontade para as enriquecer com meus dons". Em seguida foram publicados: *Os Dons e os Frutos do Es-*

pírito Santo, pelo Instituto Missionárias de Jesus Crucificado, com *Imprimatur* de dom Francisco de Campos Barreto; *Nossa Senhora das Lágrimas e o seu Pombal*, pelo Instituto Missionárias de Jesus Crucificado, com *Imprimatur* de dom Francisco de Campos Barreto, em que constou mensagens, esclarecimentos a respeito da devoção e dezenas de testemunhos de graças recebidas por meio dela; *O Bom Combate na Alma Generosa. Mensagens de Jesus, Maria e pessoais*, em 1936, pelo Instituto Missionárias de Jesus Crucificado, com *Imprimatur* de dom Francisco de Campos Barreto.

Nas primeiras páginas do livro *O Presídio de Amor*, existe uma referência à Irmã Amália sem citá-la, relatando que ela escreveu as mensagens sem ter cultura, sendo ignorante no que escrevia; assim só foi possível tais escritos, por causa de sua intimidade mística com Jesus e Maria.

> *A pena que o escreveu, como uma vez já foi dito [nos outros livros], como toda pena, não sabe o que escreve... nem pode sabê-lo, porque para tanto lhe seria necessário um curso especial, que abrangesse as matérias de que, com tanta sabedoria e segurança, vem tratando em suas múltiplas mensagens.*
> *Por isso mesmo que se trata de uma pena sem cultura, ignorante e que escreve o que, em sua intimidade mística, ouve (...)* [183]

Nessa época, 1935, a missionária Amália de Jesus Flagelado já elaborava suas próprias orações. Tanto que, em 1930, foi ela quem compôs a *Oração Inicial*

---

[183] *Do Presídio de Amor*, 1935, p. 4.

da Coroa das Lágrimas. Ela saciou sua sede de saber na fonte mais nobre da sapiência divina. Aceitar a explicação de ser (a pena que escreve) sem cultura e ignorante foi uma mostra de sua humildade. Jesus capacita os incapacitados. Ele habilitou Irmã Amália com inteligência para entender as mensagens que para ela transmitia.

EXPIAR OS PECADOS

> *Não te importes com a qualidade do sofrimento, seja ela qual for, é por mim permitido para ganhar almas e dar a minha Igreja militante conhecimento do quanto vale uma alma e o quanto custa salvá-la!* [184]

Amália expiou os pecados, sofreu muito, passou pelos pecados de maldição, ódio, ateísmo, luxúria, homicídio, suicídio, blasfêmia. Os pecados expiados passavam pela humanidade dela... mas não deviam ficar impregnados nela. Para se livrar deles e salvar a alma do pecador, dando a ele um tempo para conversão, precisava confessá-los.

Não era fácil, porque o inimigo sabia disso e fazia de tudo para impedi-la da confissão. Muitas vezes, lutou dias e dias para conseguir confessar. Jesus explicou para ela, no dia 12 de setembro de 1930:

> *A confissão, minha filha, é a porta por onde entram as almas que tiveram a desgraça de me ofenderem!*
> *Eis por que a confissão é a porta por onde entram quase todos os meus amados filhos. Sim, sem o sacramento da confissão não há redenção, os merecimentos de minha paixão se acham de um modo especial reunidos nesse adorável Sacramento. Ah! Se os homens compreendessem o valor da confissão, como correriam a ela com mais fé e amor! Por ela, os filhos desgarrados voltam a minha casa, por ela eu posso ter, de novo, meus filhos em meu regaço, encostá-*

---

184 *Vida Íntima I*, 10-3-1930.

-los a meu Coração e comerem a minha mesa! Ó felicidade, mal compreendida, por todos os filhos. Minha caridade infinita, vendo que meus filhos iam se revoltar contra mim, deixou este meio, esta porta, por onde os culpados pudessem entrar e me pedir perdão. Os que têm a ventura de não me ofender, com humildade, chegam-se a meu ministro, e eu aumento, em suas almas, a graça. Suas almas tornam-se cada vez mais formosas e mais agradáveis a meu amante Coração. Sim, filha, a confissão é um para-raios da Divina Justiça, porque o pecador ali deixando seus crimes, aos pés do sacerdote, ele deixa de ofender a Divina Justiça.[185]

---

185 *Vida Íntima I*, 12-9-1930.

CASAMENTO MÍSTICO

Era uma data festiva, dia especial da semana e no calendário, sexta-feira: 11 de maio de 1934. Era a comemoração de seis anos da tomada de hábito de Irmã Amália de Jesus Flagelado, missionária de Jesus Crucificado. Esse foi o dia que Nosso Senhor Jesus Cristo escolheu para desposar sua amada, fazer juras de amor por toda a eternidade, cumprir a promessa feita há 23 anos, quando a menina tinha apenas 10 anos de idade; em dois meses ela chegaria aos 33 anos de idade.

Foi chegada a hora de ser Esposa de Jesus de uma maneira mística. Nesse momento tão sublime, Amália teve as companhias de Maria e dos anjos Serafins. Viveu momentos sublimes que ficaram marcados em sua alma. No dia seguinte, sábado, ela escreveu como foram suas Núpcias do Amor.

AS NÚPCIAS DE AMOR

Minha Pomba, minha amada, Meu Amor. Desde toda a eternidade te amei, eis que de hoje em diante serás a desposada de meu amor e vou chamar-te: Meu Amor.
Neste dia sublime e sem ocaso, realizamos nossa verdadeira união, pois eu, jurando-te fidelidade eterna, tomo-te como Esposa de Meu Amor.
Vou chamar-te com o doce nome de Meu Amor. Será este o nome eterno pelo qual te conhecerei.

A MISSÃO!

Tua missão será a de me amar por todas as almas que existem e as que ainda hão de existir até o fim dos séculos e que, indiferentes, hão de saber me amar!

Serás, junto de todos os tabernáculos existentes e que ainda se abrirão até o fim dos séculos, meu amor a reparar por todos os corações!

Amando-me, reparas, porque eu de ti só quero amor, e será o amor que te ensinará a ciência dos santos, será este amor que te tornará semelhante a Mim.

Tua missão na terra não terminará com a morte, óh! Não. Ela se distenderá enquanto houver um Sacrário sobre a face da terra; não descansarás enquanto minha presença real aí estiver.

Amar e sempre amar junto a meus sacrários, dando a boa nova a todas as gentes, enquanto estiveres na terra falando de meu amor, porque não deves te esquecer do cântico sublime do Amor, que é a palavra da Missionária inflamada nas santas chamas de meu infinito zelo.

Meu Amor, não te esqueças jamais de abrires o Livro Sagrado de meu Coração, no qual encontrarás teu nome.

AS BODAS!

Levantai-vos e acompanhai-me, Serafins, e vós, ó minha doce e terna mãe, vinde e vamos ao humilde Pombal, onde minha Pomba, minha amada, ansiosa, espera-me. Dai-me a salva sublime de vosso amor, na qual levareis a aliança que vou depositar no dedo de minha amada; que, de hoje em diante, terá o doce nome de Meu Amor. Minha Mãe, a minha amada se acha entre lírios cultivados nos canteiros da inocência, cultivados estes pelas mãos do artista amado, José.

MINHA HORA!

Meu amor, chegou a hora bendita das núpcias, os Serafins estão pasmos diante deste surto de meu amor por ti! Vem, aproxima-te. Aqui está meu Coração em chamas, minha Mãe nos abençoa! Dá-me teu coração, aproxima-te destas labaredas! Meu amor, eu te juro fidelidade eterna! Óh quanta alegria neste enlace! Quero dizer-te que te amo até a loucura!

Meu amor, eu te amo! Dá-me teu dedo!

Recebe, esposa, a aliança de meu eterno amor, lembra-te ela de que meu amor por ti jamais terá quebras. Eu te serei fiel, foi ela feita pelas minhas próprias mãos na forja do meu eterno amor. Óh! Quanto Amor vai nesta aliança, esposa querida!

Meu Amor, jamais macules esta aliança feita com tanto carinho e tanta dedicação! Torna-te cada dia mais fiel, correspondendo a minhas inspirações. Fidelidade te peço, amada minha, meu amor. A TUA ALIANÇA!
Meu Amor, dá-me agora tua aliança, deposita-a nas mãos de nossa amada mãe, ela, segurando tua mão, diz com ela, amada minha:
– Esposo Divino, recebei a aliança de meu eterno amor. Eu vos juro fidelidade eterna. Fazei com que meu amor por vós chegue ao infinito e, se preciso for, para vos mostrar meu amor, sofrer mil martírios, eu os aceito, porque confio em vós, que sois a fortaleza e a vida.

O ÓSCULO!
Recebe esposa, meu ósculo de amor. Chegou a hora de gravar em teu coração meu nome e teu nome em meu coração. Deixa, esposa amada, que este ósculo queime teus lábios e todo o teu ser seja, de hoje em diante, um braseiro, onde eu possa aquecer todos os corações frios e indiferentes. EXCLAMAÇÕES DO CORAÇÃO DE MARIA!
Meu coração exulta de alegria, porque vejo na terra meu querido Jesus amado! Óh! Exulta, tu, ó alma feliz, por te veres assim desposada com o amor de meu Jesus!
Serei de hoje em diante, minha querida filha, teu Anjo, que te ensinará a verdadeira intimidade com o amor, para que, assim, possas realizar tua tão sublime e encantadora missão.
Tua mãe te dá o ósculo de alegria: JESUS!
Meu amor, de hoje em diante nenhum só instante de separação, unidos viveremos no amor.
Teu Jesus[186]

Coroa da liberdade

Na sexta-feira, dia 25 de maio de 1934, Amália, esposa de Jesus, recebeu a *Coroa da Liberdade* de seu amado esposo, pronta para aceitar os martírios para sua purificação.

---

[186] *O Bom Combate na Alma Generosa*, 1936, pp. 139 a 142.

ALVORADA SUBLIME

Ah, meu bem amado, meu Senhor e meu Deus, raiou finalmente o dia memorável, o dia da liberdade!
Sumo Bem, agora que me sinto livre, deixai-me entrar em vossas intimidades. Ouço dizerdes-me: Antes que nela entres, deixa-me coroar-te com a coroa que, desde toda a eternidade, preparei aos que sabem desprezar-se por meu amor!
Mostrai-me, meu único e soberano amor, mostrai-me também vosso coração, do qual dissestes: eis o coração que tanto ama aos homens e que da maior parte destes recebe ingratidões e desprezos!
Meu Jesus, meu tesouro, riqueza de infinito valor, espero que, mostrando-me vosso divino coração, saberei, neste instante, jurar-vos fidelidade, entregando-vos minha liberdade; sim, porque, se algum dia quebrar o que agora vos vou jurar, certamente retomareis minha coroa e assim, sem esse diadema sublime, deixar-me-eis a porta de vosso coração.
Não tendo a felicidade de nele entrar, chorarei, meu Jesus, minha desgraça e tais lágrimas não me purificarão, porque só vosso amor é capaz de purificar-me, dando-me a felicidade de entrar em vossas divinas intimidades.

SÚPLICA

Meu Senhor e meu Deus, meu único e exclusivo amor, neste momento solene de minha vida religiosa, venho a vós. Depois de seriamente me olhar, pude ver, na verdade, que em mim nada tenho de bom que vos possa dar; porém, neste conhecimento da verdade, descobri que tenho uma alma criada por vós, portanto posso dizer-vos: sou vossa filha. Tenho mais, meu Sumo Bem, tenho um coração que aceleradamente palpita à procura de quem o possa saciar... e só em vós encontrei o único bem capaz de satisfazê-lo. Para que este meu coração, porém, seja saciado nas alegrias de vosso puro e infinito Amor, precisa estar livre, livre de tudo, de todos e de si mesmo. Ó Senhor, meu Rei, examinando-me atentamente, eu o vi livre, já não se preocupa com o mundo, por ele já não bate mais; deixei os meus, aos quais amo em vós, mas somente por vós! As vaidades, os prazeres nunca ocuparão meu coração.

Meu amor e meu Deus, aprofundando as intimidades de meu coração, posso vos dizer que este meu pobre coração não mais se ama, ele se desprezou por vosso amor. As honras e os louvores que um dia poderiam me manchar, tudo ele desprezou! Estou, ó meu Jesus, pronta a abraçar, por vosso amor, todo e qualquer martírio, porque eu só suspiro o voo às regiões infinitas de vosso amável coração! Livre de mim mesma, eu vos posso dizer: uma só coisa eu desejo, amar-vos louca e apaixonadamente... por este amor eu me libertei das cadeias que me prendiam ao mundo e a mim mesma. Agora, Senhor, deixai-me proferir meu juramento de Liberdade, ao qual quero ser fiel, pedindo-vos a mercê de me tirardes a vida ou castigar-me com a firmeza de vosso amor, antes que tal desgraça aconteça.

O JURAMENTO

Meu esposo amantíssimo, minha única alegria, meu soberano Senhor, meu Senhor e meu Deus!
Aqui, ao pé de vosso tabernáculo, ao lado de minha grande mãe, Nossa Senhora das Lágrimas, a qual tomo como madrinha de meu juramento, rodeada pelas testemunhas que escolhi para tão importante ato, venho a vós jurar-vos fidelidade eterna na permanência de minha liberdade. Eu quero, ó Jesus meu, a morte, os desprezos com todos os seus humilhantes efeitos, antes do que prender-me a mim ou aos que me rodeiam.
Quero, ó Jesus, permanecer livre; e, jurando-vos neste momento liberdade, faço-o em nome de vós mesmo, de vosso Sangue, de vossas palavras de vida eterna, de vosso perdão, de vosso Sacramento de Amor, de vossa vida e de vossa morte e do amor que reina em vós, Trindade Augustíssima. Juro-vos pelas Lágrimas de vossa e minha Mãe Lacrimosa, por suas dores, pelo amor que ela vos dedicou e eternamente vos dedicará. Ó Jesus, eu vos juro, por vosso nome, nome que é para minha boca o doce favo de mel com o qual sabeis inebriar vossas eleitas. Ó meu Deus, nesta liberdade quero viver e morrer, porque, morrendo para mim mesma, voarei para a vida que sois vós, amor meu! JESUS!
Minha amada e meu amor, nas alvoradas da liberdade, vendo teus protestos e juramentos, posso, com toda a veemência de meu ardente amor, coroar-te com o diadema que te tenho preparado desde que te amei, porém, antes de cingir-te a fronte, recebe meus juramentos. Sim, eu também te juro estar contigo na vida e na morte, na dor e na alegria, na paz e na desconsolação. Sim, eu te juro por meus martírios sofridos na vida mortal, por meu sangue, por minhas

palavras de vida, por meu Sacramento de Amor, com que te alimento cotidianamente, por meus martírios de amor sofridos nos silenciosos tabernáculos do universo.
Sim, amada minha, eu te juro fidelidade em minha graça, a qual atuará em ti para que possas, com esta minha assistência, permanecer firme como um rochedo no meio das ondas do teu eu, o qual, nunca morrendo, ficará esmagado pelo meu amor.
Agora recebe, em meu nome e em nome de meu Pai e do Divino Santificador, a coroa da liberdade dos filhos de Deus. Que esta coroa jamais seja afastada de tua fronte pela tua infidelidade. Lembra-te este diadema sagrado que agora podes voar nas infinitas regiões de meu coração, que te estão abertas porque agora és minha, somente minha. Ó minha celeste mãe, guarda esta minha amada nas dobras de teu manto puríssimo. Jamais a deixes dormir... A mantenha acordada todos os dias para que ela me ame: lembra-lhe, ó mãe querida, que o meu coração é sua eterna morada.
Amada minha, permanece fiel a teu juramento, vive de hoje em diante a incendiar em ti o amor, pois, se assim o fizeres, eu te inebriarei neste divino festim, que te tenho preparado na veemência de meu amor. Teu Jesus.
Assigna teu nome: Irmã Amália de Jesus Flagelado.[187]

Também na sexta-feira, dia 1º de junho, o amado Jesus e sua esposa Amália declararam juramentos de amor.

JURAMENTOS DE AMOR

Meu Jesus, meu amor e meu tudo, raiou para minha alma o dia feliz, dia memorável e que jamais será esquecido pela minha alma! Que dia é este, meu Sumo Bem?
É o dia do amor, dia em que venho jurar-vos AMOR ETERNO! Vós sabeis, meu Bem Amado, puríssimo e perfumadíssimo Lírio, que sustentais e dais vida a meu pobre lírio, que vossa pobre e pequenina esposa é fraca; porém sabeis que

---

[187] *Esse Compromisso de Casamento* foi publicado em 1936, quando então, por causa do processo no Vaticano, o nome Irmã Amália Aguirre não pôde ser revelado. Em seu lugar foram colocados uma série de pontinhos (..........). In: *O Bom Combate na Alma Generosa*, 1936, p. 142 a 144.

tenho desejos infinitos de vos amar. Dir-vos-ei como vos disse um dia uma vossa esposa: eu poderei ter a infelicidade de quebrar o que neste momento desejo vos jurar, por isso, antes que tal desgraça suceda, tirai-me a vida, castigai-me se for preciso, mas não permitais que vossa pobre esposa deixe um instante de vos amar!

Meu Jesus, meu Sumo e único Bem, despertai-me neste momento da indiferença em que até hoje tenho vivido! Acordai-me, por piedade, e que este acordar seja eterno, para que, assim acordada, eu possa viver a vida sublime do amor, dando-vos a cada instante provas deste amor e que sejam de valor infinito, porque, estando vosso amor em mim, sereis vós o motor de tudo quanto meu amor possa produzir. Amadíssimo Esposo, meu único e excelsíssimo amor, que desejo exista em meu pobre coração, abri neste instante vosso dulcíssimo coração, porque, neste instante, abro o meu, para vos dizer: eu Irmã Amália de Jesus Flagelado, vossa indigníssima esposa, atraída por vossa infinita bondade, venho a vós jurar-vos que vos amarei loucamente, apaixonadamente e eternamente, dizendo-vos com todas as veras de meu pobre coração que, de hoje em diante, viverei em vosso amável coração, procurando consolar-vos e dar-vos consoladores! Procurarei, de hoje em diante, atirar nessas chamas de vosso Coração, primeiramente minhas misérias, acreditando cegamente que me amais, e como amante tudo me será perdoado. E, depois de bem queimadas, ó Jesus meu, atirarei a essas chamas os pobres pecadores, que por vossa misericórdia desejo ir procurar para vos dar!

Meu doce amante, jurando-vos fidelidade eterna em meu amor, em corresponder a vossas finezas, eu também vos juro dar-vos tudo quanto vosso amor exigir de mim, sejam desprezos, humilhações, calúnias, enfim tudo quanto quiserdes que eu sofra para testemunhar-vos meu amor, porque só assim meu amor por vós será completo. Fidelidade nas alegrias, fidelidade nas tristezas, fidelidade no abandono, fidelidade na vida, fidelidade na morte!

Jesus meu, creio que neste momento tomais meu coração e escreveis nele as seguintes palavras: eu te amo, ó minha pomba, minha amada, neste momento acabais de me jurar fidelidade eterna em teu amor. Eu também juro, em nome de meu sangue por ti vertido! Em nome de meu coração traspassado pela lança de Longuinho! Em nome de meu Sacramento de amor, do qual todos os dias te alimentas! Em nome de minhas palavras de vida eterna! Em nome de meu eterno querer! Neste momento eu te juro amar-te loucamente, apaixonadamente, delicadamente, suavemente, porque desde toda a eternidade te amei! Ó minha esposa, minha amada, abre teu coração às labaredas que queimam o meu, deixa que neste instante opere em ti a transformação divina que te fará exclamar: morro de amor porque o meu Senhor, o meu Deus vive em mim, eu o sinto pelos efeitos, que me impulsionam à virtude heroica.

JESUS

Sim, minha amada, jurando-te fidelidade constante em meu amor, dou-te, como prova deste amor, minha aliança, a qual te garante um amor sem quebras, lembrando-te que só será quebrado se tu o expulsares para longe de ti; porém, como tu me disseste que te desse a morte antes que isso aconteça, eu te falo, dizendo-te que a morte te darei antes que tal desgraça aconteça, só se tu tal vínculo queiras romper. Lembra-te, amada minha, de teu juramento de amor. Todos os dias, renova-o e assim serás livre da letargia perniciosa em que tantas esposas vivem.

AMÁLIA

Ó minha Mãe Lacrimosa, minha riqueza, minha proteção, minha carinhosa mãe, neste momento tão solene de minha vida religiosa, no qual jurei a meu Jesus fidelidade eterna em meu amor e Ele também me jurou, se lhe for fiel, venho a vós, porque vós sabeis o quanto eu sou fraca, pois sem vós me será impossível a fidelidade; por isso, Mãe querida, ajudai-me, dai-me todos os dias vossa mão, levai-me a meu único amor! Eu quero que só Ele reine, só Ele impere em meu coração! Eu quero amá-lo acima de mim mesma, que, por seu amor, eu saiba abraçar todos os tormentos, sejam de qualquer forma. Enfim, minha Mãe, eu quero tornar-me louca no amor e que, em minha loucura, só ache repouso na Cruz, na dor, para assim poder saciar minha sede de amor que me causa constante martírio. Mãe querida, vós bem sabeis o quanto eu preciso de vós, por isso, confiando em vossa maternal solicitude de cada instante, atiro-me a vosso regaço, certa de sair vitoriosa no que jurei a meu único e Sumo Bem.[188]

---

[188] *O Bom Combate na Alma Generosa*, 1936, p. 144 a 146.

BISPO DE CAMPINAS NA EUROPA

Se Theresa Neumann falasse que tu não és minha, seria o espírito mau que lhe sugeria estas coisas./ Meu filho, que te guia e conhece tua alma, sua palavra é a minha. Ele é meu anjo junto de ti./ Ainda que todos os homens da terra dissessem que não és minha, não lhe dês ouvidos porque tu és minha, somente minha./ Teu Jesus Crucificado.[189]

Para cumprir suas obrigações clericais junto ao Vaticano, sua visita *ad Limina*, dom Francisco de Campos Barreto, em maio de 1934, viajou para a Itália, Roma. Entregou à *Sagrada Congregação dos Religiosos* a petição do Instituto Missionárias de Jesus Crucificado, acompanhada dos documentos requeridos, para alcançar a graça do *Decreto de Louvor e a aprovação de suas Constituições*. Ele esteve em audiência com o papa Pio XI, durante 30 minutos, e tratou de vários assuntos, inclusive a respeito do Instituto das Missionárias de Jesus Crucificado. Ofereceu-lhe uma imagem de Nossa Senhora das Lágrimas. O Sumo Pontífice disse a dom Barreto que conhecia uma devoção "semelhante" perto de Milão, Itália, cujo título era o mesmo: Nossa Senhora das Lágrimas. Assim dom Barreto recebeu a bênção papal.

Em sua agenda constavam vários lugares para ele visitar e propagar a devoção de Nossa Senhora das Lá-

---

189 *Vida Íntima II*, 10-8-1931.

grimas. Levou consigo muitas medalhas, muitos livros, santinhos, escritos em diversos idiomas, e imagens e coroa de Nossa Senhora das Lágrimas.

Nessa viagem ele se encontrou com a mística Teresa Neumann e, ao oferecer a ela um Terço-Coroa de Nossa Senhora das Lágrimas, recebeu o Rosário das Lágrimas que ela usava. Voltou, no dia seguinte, e ministrou a comunhão para ela, que constituiu um fato anormal, pois ela comungava em êxtase. De presente, deu a ela um livro *Glórias e Poder de Nossa Senhora das Lágrimas.*

> *E, conste aqui, a título de curiosidade, que mesmo a grande vidente e estigmatizada alemã, Thereza Neumann, possui e reza com amor a Coroa de N. Senhora das Lágrimas!* [190]

Dom Barreto foi para Munique e, duas vezes, celebrou em São Bonifácio. Presenteou o sacerdote teólogo, o alemão Ferdinand Buchwieser, vigário-geral da arquidiocese de Munique e Freising, com um exemplar do livro *Glórias e Poder de Nossa Senhora das Lágrimas,* porque muito se havia espalhado essa devoção na Alemanha. Também esteve na Espanha, onde distribuiu panfletos explicativos a esse respeito, estampas, o Terço Coroa das Lágrimas e o livro. Ele foi hóspede das Damas do Coração de Maria. Essa viagem pela Europa durou até o mês de junho.

---

[190] *Thereza Neumann.* Dom Francisco de Campos Barreto. In: *Livro do Tombo Diocese de Campinas,* 1922-1929, p. 62B.

MÍSTICOS DESPOSÓRIOS DE MINHA HUMILDADE EUCARÍSTICA COM MINHA AMADA "MISERIAZINHA"

Amada minha, minha afeição delicada, venho, nos veementes impulsos de meu eterno querer, desposar-me contigo. Eu desejei ardentemente que chegasse este dia, porque me vejo tão só em minhas riquezas, cobertas com os véus da humildade. Eu, que sou o rico, o tesouro infinito, vejo-me só nestas riquezas Eucarísticas, porque não tenho almas humildes que se ocultem nestas profundezas divinas, donde saem meus santos, plenos de graças. Tenho, amada miseriazinha, tão poucos amantes destas riquezas, por isso eu te convido e te desposo como apaixonada desta minha Humildade.

Sim, serás de hoje em diante a feliz apaixonada destas Riquezas tão pouco procuradas! Meus desejos, porém, vão além de tua paixão, eu quero que sejas mãe, quero gerar em ti filhos capazes de virem buscar estas riquezas incomensuráveis, únicas que fazem santos.

Esposa amantíssima, digo-te em verdade que desejei ardentemente este matrimônio de minha Humildade Eucarística com teu coração, escondido nestes profundos abismos de Humildade.

Óh Sim, eu te vejo enamorada destas Riquezas, e não podendo por mais tempo resistir aos teus encantos, Eu me aproximo de ti, desposando-te como Rainha de minhas Riquezas Eucarísticas.

Sim, minha Humildade agora vai ser desalterada em ti, ela já tem uma esposa capaz de conceber filhos, que nos consolem e nos confortem em nosso esquecimento Eucarístico!

Ó esposa querida, como me sinto só em meus tabernáculos do universo! Agora, porém, já não estarei só, eu te escolhi para minha dedicada esposa, e que feliz sou, minha amada!

Sim, em minha felicidade Eucarística, eu te cumularei de filhos capazes de virem beber nestas riquezas Eucarísticas o néctar dos santos.

Sou, minha amada miseriazinha, o Louco que, em suas humildes loucuras, não é compreendido! Eu assim me abati para chamar a meu convívio meus filhos, os pobres, os ig-

norantes e os sábios; porém, ainda assim tão pequeno, não sou amado, não sou compreendido! Os homens acham um absurdo esconder-se tanto, e tanto se humilhar! Óh! Sim, loucura inefável! Se não me abatesse tanto, ainda seria menos amado... chamar-me-iam o Deus orgulhoso, porém, assim abatido, atraí-te!

Se assim não me visses, vendo tua nulidade, fugirias de mim e, espantada, terias medo de ver-me como sou na realidade. Os anjos velam-se ao contemplarem minha formosura, meu pudor e minha majestade! Que seria de ti, pobre criatura, se assim também visses?

Fugirias para longe e não terias a felicidade de te ver hoje reclinada sobre mim, não serias a feliz apaixonada de meu coração.

Por isso, amada miseriazinha, rejubilemos juntos nas profundezas deste meu aniquilamento, no qual há riquezas infinitas, em que se acha meu amor, minha ciência e sabedoria, em que deposito minha vida com todas as riquezas.

Sim, só os que assim se aprofundam serão levantados por mim às eternas alegrias de meu amor.

Amada esposa, chegou a hora tão desejada: recebe neste momento o manto dos humildes, feito com meus silêncios nas injúrias. Recebe a alva túnica feita com meus atos de renúncia neste sacramento de amor!

Óh! Como renuncio às pompas e às honras de minha majestade, só por teu amor!

Recebe as sandálias feitas com meus atos de heroísmo, entrando nos corações frios e indiferentes! Recebe, minha esposa, o diadema feito de meus atos de humildade, não fulminando os que ludibriam de minha loucura, deixando-me assim estar nos Sacrários do Universo.

Assim vestida com as riquezas de minha humildade, aproxima-te de mim. Eu neste momento imponho minhas mãos sobre tua cabeça, e, ao lado de minha Mãe, façamos nosso juramento, desposemo-nos.

O ENLACE

Recebe, amada minha, minha pobre enamorada, as efusões de minha infinita humildade. De hoje em diante serás minha feliz apaixonada, viverás a conceber filhos de nossa afeição amorosa. Recebe o ósculo de minha Humildade, que ele te sele como propriedade, esposa querida de minha infinita humildade; jamais lhe sejas infiel.

Amada minha, que este ósculo de minha humildade te queime todos os dias, deixando-te a meu lado como Hóstia escondida capaz de receber as operações divinas.

Recebe o anel forjado nas oficinas das Riquezas Eucarísticas, feito com minhas ternuras escondidas sobre os véus de uma pequenina hóstia.

Irmã Amália e a devoção a Nossa Senhora das Lágrimas

Dá-me agora tua aliança: sim, põe em meu dedo a aliança de tua humildade. Jamais a tires de mim, permanecendo firme e amorosa ao lado de meu voluntário esquecimento. Vive, amada, sempre inclinada sobre este teu esposo, que se vê tão só, tão esquecido! Sim, eu recebo tua aliança e, quando a quiseres tirar de meu dedo por tua fraqueza, eu a apertarei com mais firmeza sobre meu peito incandescente.
Sou, amada, teu Esposo Humilde, que de pobre só tem as aparências, porém que é rico. E em nosso matrimônio de humildade e pobreza aparentes, serás a esposa mais rica e capaz de ofuscar aqueles que me desprezaram na riqueza e que na realidade são paupérrimos. Recebe todos os meus amplexos, meus ósculos, escondida nas profundezas de nosso abismo riquíssimo, do qual sairás carregada de frutos para sustentares os filhos que de nós vão nascer. Teu Esposo Humilde e Rico.[191]

Mortificação dos sentidos para receber as enchentes do amor divino

Os alinhavos divinos são poderosos e tem de ser em tecido forte, não se faz remendo com pano novo em trajes velhos, pois rasga. Amália era um tecido que foi preparado desde sua infância para receber o bordado da santa humildade, cosido em linhas de ouro, e que tão pleno não se distinguia o avesso do direito, porque não existiam erros. Criança ainda, pensava em ajudar os necessitados, tinha suas limitações, mas contava com o traço da ingenuidade. Seus sentidos eram aflorados.

Depois de tantos anos, preparava-se para ser inteira do amado. Preparava-se para dizer: *Não sou eu quem vivo... é Ele quem vive em mim*. Para isso era preciso mortificar seus sentidos. E, na segunda-feira, dia 25 de junho, Amália estava pronta para essa mortificação.

[191] *O Bom Combate na Alma Generosa*, 1936, pp.152 a 154.

1° Mortificação dos olhos: não olhar a não ser por amor de seu Esposo, e só o necessário, para que sua alma possa contemplar a formosura divina.

2° Mortificação de seus ouvidos: não ouvir se não por amor de Jesus e abster-se de tudo quanto for curiosidade, para que sua alma possa ouvir as harmonias celestiais, isto é, a voz de seu amado.

3° Mortificação de seu paladar: mortificação de seu paladar, para poder gostar das coisas divinas, principalmente para saborear o amor de seu Jesus, que, ansioso, espera poder saciá-la.

4° Mortificar sua língua: não falando a não ser por amor de seu Divino Esposo e só palavras cheias de caridade e de mansidão, para que sua alma possa receber os ósculos divinos, que a inebriarão.

5° Mortificar todo o seu ser, para que ele possa receber os amplexos do amor divino, e assim Jesus a possa estreitar contra seu divino coração.

6° Mortificar pela gravidade seus passos, caminhando só por seu amor, lembrando-se de que cada passo que dá é para mais amá-lo e avançar na perfeição.

7° Mortificar seu coração, fazendo com que ele só palpite de amor, abafando prontamente todo sentimento que não seja caridoso, humilde, paciente e cheio de ternura para com seu próximo, vendo em todos o seu Jesus, para que possa receber as enchentes do amor divino.

8° Mortificar seus pensamentos, reprimindo tudo o que levar o selo do menos perfeito, lembrando-se de que seu pensar deve estar continuamente ocupado em Deus, só no amor de seu amado, para que, assim, Ele possa lhe dizer: porque só pensas em mim, eu te farei outro Jesus.[192]

---

[192] *O Bom Combate na Alma Generosa*, 1936, p. 155.

SÚPLICA AO PRECIOSO SANGUE

Meu bem amado de minha alma, ouvi as suplicas de um coração que vos deseja e que suspira por vós.[193]

Só quem teve a impressão do amado no próprio corpo sabe o valor do sofrimento. Não é masoquismo, é o prazer de expiar almas. Os estigmas não eram simples carbonos, era o concreto da Paixão. Amália conseguiu passar pelo vale do desespero ao lutar com o inimigo infernal e vencer; conseguiu esvaziar-se para que se tornasse vaso novo nas mãos do oleiro. Mais uma vez teria de passar pela purificação para ser um vaso útil para seu amado. Ela mesma teria de construir uma fórmula para conseguir se unir a Ele por meio de sua humanidade. Não seria Jesus a escolher e aflorar nela as marcas da Paixão, dessa vez seria ela quem dominaria seus sentidos para dar vazão à divindade suprema. E, foi sim, na primeira sexta-feira do mês, dia 5 de julho de 1934, diante do Santíssimo Sacramento exposto, que fez a seguinte súplica ao Precioso Sangue de seu amado.

[193] *Vida Íntima I*, 13-7-1930.

Oração ao Precioso Sangue

Sejam louvados, Jesus e Maria. Súplica ao Precioso Sangue.
Ó Sangue Divino, minha alma em delírio vos suplica que a cubrais com a realeza dessa divina púrpura e, assim, divinamente coberta, ela possa vos suplicar: Sangue Divino de meu Jesus, derramado pela força de vossa Paixão por mim, atraí o meu coração, arrastai-o junto ao vosso. Sangue Divino de meu Jesus, operador de castas delícias, invadi todo o meu ser. Sangue Divino de meu Jesus, bebida de vossos santos, purificai o meu paladar para que ele só goste de vós, bebida única capaz de satisfazer. Sangue Divino de meu Jesus, que destes vida aos olhos de meu Amado, purificai os meus para que eu não olhe senão a vós, formosura que arrebata os que vos sabem contemplar.
Sangue Divino de meu Jesus, que sustentastes a língua divina e humana de meu Amado, purificai a minha para que eu, pela força de vossa doçura, só profira palavras de caridade, doçura e amor.
Sangue Divino de meu Jesus, que destes vida aos ouvidos de meu Amado, purificai os meus ouvidos, para que eles não ouçam senão vossas divinas palavras e assim eu possa receber seus inebriamentos, fazendo-me ouvir as harmonias celestiais.
Sangue Divino de meu Jesus, força da humanidade Santíssima de meu Amado, purificai todo o meu ser, dando-lhe a vida do amor, para que, assim fortalecida, possa, em uma louca paixão, dar a meu Jesus atos de infinito valor, porque sendo vós, ó Sangue Divino, o sangue de minhas veias, serei outro Cristo.[194]

[194] Oração datilografada. São Paulo, SP. 25 de novembro de 2020. *Folhas avulsas.*

Mapa do coração da Irmã Amália[195]

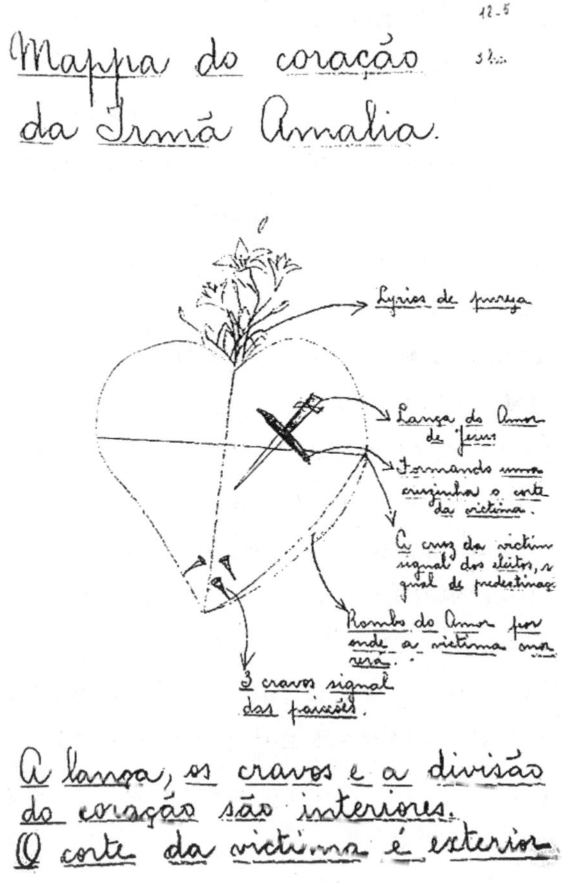

Amália desenhou, ou pediu para alguém desenhar, as marcas místicas de seu coração, em 18 de maio, como consta no último documento do dossiê, que é correspondente ao ano de 1934. Nesse desenho, há as informações da iconografia do "Coração da Irmã Amália".[196]

---

[195] Este desenho está contido no dossiê *Vida Íntima I e II* – Irmã Amália Aguirre.

[196] *Vida Íntima I, II.* Informação escrita no desenho, 18-5-1934.

A pureza dela é representada pelos "Lírios". Atenção para a parte: "Rombo do Amor, por onde a vítima morrerá"[197], pois, realmente, a morte da Irmã Amália ocorreu em razão de um grande aneurisma nessa área, por causa dos vários infartos que lesaram seu coração. O "Corte da Vítima"[198] é o estigma do lado do coração. O primeiro que se manifestou externamente foi em agosto de 1928. A "Lança do Amor de Jesus"[199] é referente à transverberação, que ocorreu no dia 1º de março de 1930. A lança passou pelo corte. Os "Cravos sinais da Paixão" referem-se aos cravos de Jesus ao ser pregado na Cruz: dois para as mãos e um para os pés que foram pregados juntos. E esses estigmas surgiram nela e a acompanharam durante a maior parte de sua vida, pois, mesmo quando não se manifestavam externamente, ela os tinha internamente. A "Cruz da Vítima"[200] é o sinal dos eleitos, sinal de predestinação.

---

[197] Idem.
[198] Idem.
[199] Idem.
[200] Idem.

NOSSA SENHORA DAS LÁGRIMAS – AVALIAÇÃO DA SANTA SÉ

O Instituto recebia milhares de testemunhos de graças e centenas de milagres recebidos de Jesus pedidos por meio das Lágrimas de sua mãe. Ao pronunciar a promessa que Ele fez: "tudo que pedires em nome das Lágrimas de minha Mãe, eu serei *obrigado amorosamente* a dar", ela ficou estampada em letras de ouro no infinito, são palavras do Verbo, que se fez Carne, um tesouro para a humanidade, que vale para todo o sempre.

Quando dom Francisco de Campos Barreto voltou da Europa, a missionária Irmã Amália de Jesus Flagelado era esposa mística de Jesus. O bispo cumpriu sua missão de difundir em outros países a história da aparição no Brasil. As entrevistas que ele concedeu para jornais, principalmente em Munique, os santinhos e panfletinhos, os livros, tudo isso se tornou rastro de pólvora, que formou um grande grupo de devotos na Alemanha, na Itália, na Espanha, em Portugal, na Hungria. E, embora fosse um bispo com muita ética religiosa, o Vaticano ainda não tinha se manifestado a respeito dos fenômenos místicos na missionária Irmã Amália e muito menos da aparição de Nossa Senhora das Lágrimas.

Dom Barreto voltou para o Brasil em junho de 1934. No dia 28 de janeiro de 1935, ele recebeu de Roma um comunicado, por escrito, dizendo que, no dossiê, enviado ao *Santo Ofício*, não constava um dos documentos; por isso "a reprovação da Devoção a N. Sra das Lágrimas, como foi proposta (revelada)"[201], reprovada pela Suprema Sagrada Congregação do Santo Ofício, na reunião plenária da IV Féria. Era preciso entender que foi reprovada por causa da maneira como foi proposta. O bispo campineiro leu o decreto com muita atenção. Depois foi preciso informar às missionárias de Jesus Crucificado.

A carta foi enviada pelo *Santo Ofício* (atualmente Dicastério da Causa dos Santos) e destinada ao Núncio Apostólico dom Benedetto Aloisi Masella, o representante da Santa Sé no Brasil, que morava no Rio de Janeiro, capital do país. O Núncio entregou a carta a dom Barreto.

> *Era o caso da realização de grandes provações previstas e esperadas, e infelizmente agora chegadas com uma nota da Congregação do Santo Ofício de Roma por intermédio da Exma. Nunciatura Apostólica do Rio de Janeiro, declarando que os documentos lá apresentados não se conclui o sobrenatural dos factos de Ir. Amália e, como consequência, reprova a devoção a Nossa Senhora das Lágrimas na forma do Instituto.*[202]

---

[201] Dom Francisco de Campos Barreto. In: *Livro do Tombo Diocese de Campinas* 1922-1939, p. 64B.

[202] Idem. In: *Carta Informativa às Missionárias de Jesus Crucificado*; Folhas Avulsas, p. 1.

Informar as missionárias

O bispo esperou alguns meses para transmitir esse comunicado da Santa Sé para as missionárias de Jesus Crucificado. No mês de maio, escreveu uma carta destinada ao Instituto, em que logo no começo disse ser uma "notícia nada agradável a nossa geração mansa, que vive das forças de Nossa Mãe e Riqueza". Geração mansa e humilde que vivia em oração, que confiava na providência maternal da mãe, que possuía riquezas no céu. Por isso, no reservado ao Instituto e ao bispo, chamavam Nossa Senhora das Lágrimas de Nossa Mãe e Riqueza.

Dom Barreto sempre lutou para mostrar as virtudes da Irmã Amália e a defendeu com toda sabedoria e todo discernimento, pois sempre orava antes de falar. Nessa carta colocou seus sentimentos para as irmãs:

> *Espero que, animadas dos mesmos sentimentos meus, como da Revma. Madre-Geral e mais filhas que esse santo Pombal possui receber esta mui triste nova com o ânimo suspenso à Arvore do Calvário, onde com o Divino Esposo todas as Missionárias dignas desse nome vivem crucificadas com Jesus.*
>
> *Nessas condições, sem discutir essa declaração do Santo Ofício, em plena obediência, a reza em comunidade da Coroa e as orações em que se fala de Nossa Senhora das Lágrimas foram abolidas.*[203]

Ele disse "foram" abolidas porque, desde que recebeu a carta, em janeiro, tomou providências para

[203] Ibidem.

executar a ordem, por isso, em maio, a devoção estava abolida do calendário religioso da diocese.

Foi um duro golpe para os devotos de Nossa Senhora das Lágrimas. As imagens tinham de ser escondidas e os panfletos, santinhos e livros foram guardados, pois não poderiam ser rezados na igreja.

Os fiéis que rezavam a Coroa das Lágrimas na capela deveriam ser informados de que teriam de cumprir a determinação da Congregação do Santo Ofício.

> *Entretanto, entre as boas irmãs podem se comunicar com o desabafo natural de corações que ternamente amam Nossa Mãe e Riqueza em seu maior valor.*[204]

E, dentro de seu coração, dom Barreto articulava um jeito de enfrentar essa luta, porque não ia desistir de provar a autenticidade dos fenômenos místicos na Irmã Amália e do tesouro que era a devoção a Nossa Senhora das Lágrimas. Ele sabia que milhares de brasileiros choravam por causa dessa determinação do Santo Ofício.

Ao receberem o impedimento, as irmãs e o bispo sentiram a dor do calvário, acataram a ordem e não vacilaram na fé. Dom Barreto escreveu neste comunicado:

> *Em nosso valoroso apostolado pela conversão dos pecadores, redobremos nosso entusiasmo pelas glórias de Maria cantando sempre seu poder como Medianeira de todas as graças, mas que isso seja bem informado por uma alma bem mansa e bem missionária como garantia do sucesso de nosso santo e piedoso apostolado.*[205]

---

[204] Ibidem.

[205] Ibidem.

A censura

A censura à devoção às Lágrimas de Nossa Senhora foi mesmo uma grande provação que as irmãs jamais esperavam, mas que dom Barreto, conhecendo os critérios rigorosos da Santa Sé, sabia que isso podia acontecer. Parecia que a profecia do demônio se realizava. Tantas vezes ele ameaçou a missionária Amália com essa promessa. A luta continuava.

Dom Barreto havia enviado todos os argumentos necessários para que o Santo Ofício aceitasse essa devoção; mesmo assim veio essa ordem. O inimigo sorria. Mas seria por pouco tempo... ou muito tempo... dom Barreto talvez até soubesse, por isso tratou de difundir a devoção pela Europa.

Ao ser entregue a Coroa das Lágrimas pelas mãos de Nossa Senhora, Irmã Amália, madre Maria Villac, dom Barreto e as missionárias não a esconderam, não quiseram as promessas de Jesus fechadas nos arquivos ou somente manifestadas dentro das paredes da Casa Mãe, ao contrário, difundiram por todo lugar que iam, ensinavam e, principalmente, oravam.

Depois que chegou o comunicado da Santa Sé informando que a devoção a Nossa Senhora das Lágrimas foi reprovada, porque não constava "um documento", embora tenha sido um duro golpe, havia uma porta onde a luz da Esperança, debaixo do Manto de N. S. das Lágrimas, fazia-se presente: enviar o tal documento. Se havia se extraviado ou se não foi mesmo enviado, não importava, o que precisava mesmo era reverter esse quadro de reprovação.

Enquanto dom Barreto se mobilizava para enviar novos documentos para o Santo Ofício, o inimigo batia palmas, decepava alguns dedos da primeira imagem de madeira, esculpida por um talentoso artista, tão linda, entronizada no Instituto. As missionárias escutaram os uivos do demônio quando executou essa maldade. Ele avisava que tinha o controle da situação. Centenas de imagens entronizadas em igrejas, capelas, nas casas de família, as peregrinas, em nichos nas praças e ruas, passaram pela censura humana, e muitas foram retiradas e escondidas. As que permaneceram no lugar tiveram sua túnica pintada de branco para se parecerem com Nossa Senhora das Graças. Pouquíssimas, talvez apenas 10 delas, ficaram intactas. A que o inimigo cortou os dedos teve a túnica pintada de branco.

Livros foram queimados. Era proibido ler as mensagens. Santinhos e panfletos foram escondidos em gavetas, dentro dos armários. As coroas das Lágrimas pararam de circular, as pessoas temerosas não mais as rezavam. Era o domínio do medo. Mas medo do quê? Foi Jesus quem entregou esse tesouro que o demônio tirava do povo brasileiro. Sim, do povo brasileiro, porque, na Europa, nos Estados Unidos, no Canadá e até na África, a devoção crescia.

Avante – Dom Barreto

Dom Barreto não havia desistido; Irmã Amália muito menos; madre Maria Villac também não desistiu. Eles iam continuar a lutar pelo reconhecimento à devoção às Lágrimas de Maria. As inúmeras graças alcançadas não iriam ficar esquecidas. Dom Barreto relatou:

> *Entretanto é bom ficar aqui consignado que, nos quatro anos em que se propagou essa devoção, muitas graças espirituais e temporais foram alcançadas.*
> *Mais de dois milhões de medalhas foram espalhadas no mundo e cerca de um milhão de Coroas (Rosário) foram procuradas.*[206]

A luta foi grande, dom Francisco de Campos Barreto enviou os documentos pedidos. Obedeceu. O tempo passava. Era o ano de 1935, e não chegava uma resposta esclarecedora do Vaticano que tivesse uma aprovação para a nova Constituição do Instituto Missionárias de Jesus Crucificado. Dom Barreto argumentava e questionava em carta para o monsenhor Cesarini, responsável no dicastério do Vaticano:

> *Não entendo o que estranharam na Constituição, porque o fiz, estudando as Constituições já aprovadas em Roma. Acho que a redação em italiano não é muito boa, mas outra coisa é a redação em português, como vocês verão nos exemplos juntos. Vejam, com atenção, a finalidade, a modalidade, a vida e tudo o que constitui a essência do Instituto, que é missionário; não muda.*

---

[206] Idem. In: *Livro do Tombo Diocese de Campinas,* 1922-1939, p. 64B.

> *Eu peço para ver uma coisa, e é para mudar no n. 32. Em vez de dizer: receberá a imposição do Santo hábito religioso e o escapulário e a coroa de N. S. delle Lagrime. Se eles não aceitarem a mudança, então onde complementar as palavras escapulare e corona de N. S. delle Dolore.*[207]

Dom Barreto discerniu que a resposta para a aceitação da nova Constituição do Instituto Missionárias de Jesus Crucificado era um problema de idioma. Relatou que o escrito em italiano não era muito bom, por isso, na cláusula em que contava que a aspirante à Missionária receberia o hábito, o escapulário e a coroa de Nossa Senhora das Lágrimas, se o dicastério não entendesse os dizeres, deveria trocar escapulário por *escapulare* e *N. S. delle Lagrime* por N. *S. delle Dolore*. E pedia uma resposta rápida porque em agosto de 1936 seria seu aniversário episcopal.

Chegou o mês de agosto, e dom Barreto, por não receber resposta a sua carta, no dia 5, escreveu outra:

> *(...) E lamento o silêncio da Santa Congregação por tanto tempo!*
> *Quanta paciência com essas Congregações!*
> *Peço a Monsenhor que mude as novas Constituições, no n. 32 o nome N. S. delle Dolore para N. S. delle Lagrime. Pousada 115: supra a segunda parte: nesta oração ... etc. até a palavra agregada o Instituto. Este n. 115 termina com as palavras Veni Santo Spiritus.*
> *Monsenhor fará todo o possível para apressar este caso. Não é necessário responder ao S. Congr. Monsenhor continua autorizado a dar esta resposta na condição de costas. Obrigado,*
> *† Francisco, Bispo de Campinas.*

[207] Ibidem.

Essa foi a decisão do bispo de Campinas: trocar os nomes de Nossa Senhora não valia mais... o título Nossa Senhora das Lágrimas (*N. S. delle Lagrime*) deveria continuar.

A devoção não podia parar, era necessário dar continuidade, e o tesouro que Jesus entregou à humanidade não poderia ser escondido. Nesse mesmo ano de 1935, foi publicado o livro *Nossa Senhora das Lágrimas e o seu Pombal*. Nele, respostas importantes às questões da devoção foram expostas: quando e como foi a aparição de Jesus ao entregar as orações da Coroa das Lágrimas, a de Nossa Senhora das Lágrimas no dia 8 de março, a entrega da medalha por Nossa Senhora, as virtudes dessa devoção, as centenas de graças alcançadas no Brasil, na Alemanha e em Portugal, além da explicação sobre o título Nossa Senhora das Lágrimas. No voto de obediência, condizente com o Vaticano:

> *Sempre reverente e obediente à S. Sé Apostólica, cujos juízos nunca pretenderemos antecipar, para maior glória de Deus e maior extensão do reinado de Jesus Crucificado, damos aqui várias e interessantes notícias sobre N. Senhora das Lágrimas, sem dúvida, a incomparável apóstola e missionária dos tempos presentes pelo bem imenso que por toda parte vem espalhando, já concedendo graças espirituais, já presenteando seus devotos com favores temporais. Como essa piedosa e salutar devoção às Lagrimas de Nossa Senhora, providencialmente, teve início no Instituto das Missionárias de Jesus Crucificado de Campinas, a este pertence, em sinal de gratidão e no cumprimento dos desígnios de Deus, revelar ao mundo as riquezas, o valor e o poder encerrados nessas Lágrimas, que são o símbolo transbordante da compaixão de Maria, como cooperadora na obra divina da redenção da humanidade. Cumprindo piedosamente os desejos de Jesus, este livro, narrando a origem e o significado dessa novel devoção, que célere*

empolga o mundo, canta ainda as glórias de Maria, nossa Mãe e Riqueza, relatando uma centena entre as inúmeras graças merecidas pelos devotos de Nossa Senhora das Lagrimas, que com fé e amor rezam sua coroa ou trazem sua milagrosa medalha. Com essas graças, muitíssimas outras estão registradas no arquivo do Instituto das Missionárias, como uma documentação de que na verdade Nossa Senhora das Lagrimas é uma autêntica enviada do céu, nestes tempos de penas e sofrimentos, para, com seus sorrisos de Mãe carinhosa, consolar seus filhos e responder a seus apelos, satisfazendo a suas necessidades. Os próprios espíritos prevenidos com essa nossa grande devoção, depois da leitura de todas essas graças, quererão ainda negar o valor da piedosa invocação a Nossa Senhora das Lágrimas? Pretenderão eles que todos esses factos se operam por pura coincidência? Nesse caso responderíamos que tanta coincidência exige a solução de uma incógnita, que mais uma vez só a palavra "milagre" pode resolver. Felizes, pois, dos que, na firmeza de sua fé, confiam que tudo podem merecer d'Aquela, aos pés da Cruz, proclamada Mãe dos homens e consequentemente Medianeira de todas as graças. (...) Muito felizes se consideram as Missionárias em pertencerem a este Instituto, qual santo Pombal, que vem recebendo favores insignes e graças extraordinárias das mãos benfazejas d'Aquela que lhe foi dada por Mãe e Riqueza.[208]

Esse texto de abertura do livro é assinado por F. de M., e as pessoas concluíram que eram filhos (as) de Maria. E, então, diversos testemunhos e agradecimentos de bênçãos recebidos, por meio da oração da Coroa de Nossa Senhora das Lágrimas, publicados em periódicos em todo o Brasil, depois do nome pessoal, colocaram F. de M. Existe um mistério a esse respeito, porque, nas cartas da Irmã Amália, ela se dirigiu a seu confessor, bispo Campineiro, como Francisco de Maria. A informação tornou-se dúbia e podemos atribuí-la

---

208 *Nossa Senhora das Lágrimas e o seu Pombal*, 1935, p. 2,3.

como verdadeira para os dois casos. No texto seguinte, no mesmo livro, existe um grande escrito assinado por Francisco: Bispo de Campinas, cujo título era: *N. Senhora das Lágrimas* (seu significado). Eis algumas partes:

> *Destinando-se o presente livro a cantar as glórias, os louvores e o poder de Maria Santíssima, em íntima conexão com o sugestivo título "Nossa Senhora das Lágrimas", damos a seguir sua origem, seu piedoso e real significado.*
> *Nossa Senhora das Lágrimas! Eis aí um belo título de gratidão para com aquela, que, ao pé da cruz, nos gerou seus filhos, como fruto de suas dores, em angustiosa compaixão, acompanhando o Divino Redentor da humanidade, em sua Paixão e santa Morte no alto do Calvário.*
> *(...) Se todas as mães, com muita razão, choram ao perder seus entes queridos, como negar que Maria tenha chorado ao ver o seu Jesus, um pedaço de sua alma, tão maltratado e morrendo como um criminoso na cruz!*
> *Se Jesus, como obra divina, estava feito para amar e sofrer mais que os outros homens, o mesmo diremos do coração maternal de Maria, criado afinado para maior sensibilidade em suas dores e em seu amor.*
> *É por isso que, dando a Maria o título de Nossa Senhora das Lágrimas, entendemos gravar, na coroa de seus grandes privilégios e de seus méritos sem-fim, a mais preciosa gema, como símbolo mais expressivo de sua dor e de seu amor por Jesus e pelos homens.*
> *Sim. Maria chorou vendo Jesus morto e desprezado, chorou para merecer a conversão dos pecadores, chorou para lhes abrir as portas do céu, chorou pela santificação de todos.*
> *A dor, o amor de Maria não podiam ser uma fantasia, mas sim uma grande realidade, por isso todos os homens devem bendizer as Lágrimas d'Aquela, a quem, melhor do que todas as criaturas, coube o maior elogio, que uma vez saiu da boca de Jesus: Mais bem-aventurado é quem ouve e pratica a Palavra de Deus.*
> *E quem, repitamos o pensamento, quem melhor que Maria ouviu, guardou e praticou a Palavra de Deus?*
> *Eis por que, com toda razão, somos obrigados a reconhecer mais esse título glorioso, Nossa Senhora das Lágrimas, com que honramos a criatura mais perfeita e mais santa, que saiu das mãos de Deus. Nossa Senhora das Lágrimas*

quer dizer mãe de Misericórdia; Nossa Senhora das Lágrimas quer dizer Mãe dos que gemem e choram; Nossa Senhora das Lágrimas significa mãe amorosa, que se compadece de todos que a ela recorrem; Nossa Senhora das Lágrimas significa que ainda hoje chora os desvarios dos pobres pecadores no coração de seus filhos e servos fiéis. (...) Nossa Senhora das Lágrimas é ainda aquela mulher forte que, em sua soledade, soube aconselhar os discípulos de Jesus, fortificando a Igreja nascente, dando ânimo e assistência aos apóstolos, para firmes na fé darem sua vida por Jesus. (...) Esse título, aliás tão sugestivo pelo seu piedoso significado, mais que outros muitos nomes e muitas devoções a Nossa Senhora, tem ainda seu fundamento na Coroa das Lágrimas piedosamente inspirada a uma digna Missionária de Jesus Crucificado, como se fora um desdobramento da "Mãe lacrimosa e Fonte das Lágrimas", títulos esses da ladainha de Nossa Senhora das Dores, composta por Pio VII ou um incentivo à devoção que, em Bolonha, Brescia ou Milão, se vota à Senhora das Lágrimas. E como prova da legitimidade desse título e dessa devoção aí está a aceitação plena, espontânea e geral da reza de sua Coroa e da procura de sua Medalha. Para mais de um milhão de exemplares da Coroa em vários idiomas, para mais de quatrocentas mil medalhas e cerca de novecentas imagens sob o glorioso título de Nossa Senhora das Lágrimas, em cerca de quatro anos, já andam correndo o mundo! Milhares de famílias em cadeia perpétua, diariamente por amor a Maria, rezam em comum a Coroa de Nossa Senhora das Lágrimas! E, como se não bastasse tudo isso, temos ainda registrado centenas de graças espirituais e temporais alcançadas de norte ao sul do Brasil, mediante a reza da Coroa e a devoção à medalha de Nossa Senhora das Lágrimas e Jesus Manietado, que, como símbolo da mansidão para salvação do mundo, quer reinar em nossos corações, com as bênçãos e o patrocínio de Maria, a Medianeira de todas as graças. E se, depois dessas considerações, ainda houvesse algumas almas perplexas e tímidas diante desse novo título e a devoção dele decorrente, acrescentamos o parecer do grande Doutor da Igreja, Santo.[209]

[209] Idem, pp. 3, 4, 5, 6.

Argumentos

E não pararam por aí os argumentos, a realidade, da verdadeira devoção. Muitos fiéis ainda esconderam imagens, deixaram de rezar a coroa das Lágrimas, como se fosse apenas uma moda que passou; não entenderam o verdadeiro significado do amor a esse tesouro entregue por Jesus para a humanidade. Questionavam se o Vaticano tinha dado consentimento, quem era a vidente que recebeu a coroa das Lágrimas, quem criou esse título e algumas perguntas mais.

> *Algumas pessoas, impertinentemente querem saber se a Santa Sé já aprovou as revelações do Instituto, a Coroa das Lágrimas, a medalha etc., o que não admira porque Margarida Maria, com as revelações sobre o S. Coração de Jesus, Bernadette, com N. Senhora de Lourdes, e Catharina Labouré, com a medalha milagrosa, também tiveram seus fortes opositores!*
> *Entretanto hoje essas videntes estão no altar, e suas revelações triunfantes fazem grande bem às almas!*
> *Quem entra nesses assuntos sabe que a Santa Sé, direta e formalmente, por um ato especial, nunca aprovou revelações, nem devoções reveladas como tais. Entretanto, no Governo da Igreja, existe a S. Congregação do S. Ofício, em que são estudadas todas as revelações, das quais, às vezes, nascem devoções novas.*
> *O papel dos inquisidores do S. Ofício, em tais casos, limita-se a estudar as revelações, para ver se nelas há doutrina contra a fé e os costumes.*
> *Se nas revelações encontrarem algo de estranho, certamente serão condenadas; mas, se nelas nada existir contra a fé, o S. Ofício simplesmente não se opõe a sua divulgação; por isso muitas são as devoções atribuídas às visões e revelações que sempre animaram a piedade dos fiéis e com proveito para nossas almas.*
> *(...)*
> *Postos esses princípios fundamentais, podemos garantir que a S. Congr. do S. Ofício tem conhecimento de todos os acontecimentos que se dão no Instituto, inclusive as revela-*

ções da Coroa e da Medalha. Nada disse contra tudo isso, pela simples razão de nessas revelações e devoções nada se encontrar contra a fé e os costumes.

Quanto ao culto de N. Senhora das Lágrimas e sua imagem, resumimos aqui o Can. 1279 do Direito, que diz não ser lícita em nenhuma Igreja uma imagem desacostumada, (isto é, de título novo e desconhecido) sem aprovação episcopal, e que o Bispo não aprove à veneração dos fiéis imagens, que não se conformem com as normas e os usos aprovados pela Igreja. Ora quem poderá provar que o título de N. Senhora das Lágrimas, já conhecido sob outros nomes afins, como sejam N. Senhora das Dores, do Pranto, da Soledade, contraria a orientação da Igreja, quando ele nada mais significa que o transbordamento das dores de Maria em suas Lágrimas ao pé do Calvário? Demais, embora antes ignorado em Campinas, e talvez no Brasil, já era um fato a existência, perto de Milão, na Itália, de um santuário dedicado a esse mesmo título, que o damos tal como é conhecido: NOSTRA SEGNORA DELLE LAGRIME. Entretanto em Campinas, desconhecida por completo essa devoção italiana, podemos afirmar que tal título foi uma criação do Exmo. Revmo. Sr. Bispo Diocesano, Fundador do Instituto, que, se tem poder para examinar títulos e aprovar imagens propostas por outros, o tem certamente e com mais razão, em se tratando de um título nascido de sua piedade e amor para com Maria Santíssima, tão pródiga de bênçãos para com seu mimoso Instituto. Daí o culto e a imagem a Nossa Senhora das Lágrimas.[210]

[210] *Idem*; pp. 12, 13.

NOVA CRISE POLÍTICA NO BRASIL

Convido-te, ó minha alma, as glórias de teu Deus cantar! [211]

Desde 1929, o Brasil passava por problemas de ordem político-social-econômica que deixavam um rastro de morte, doenças e pobreza. A oração da coroa de Nossa Senhora das Lágrimas veio em tempo para suscitar a religiosidade dos católicos, converter os pecadores, dar ânimo aos cansados e confiança aos que perderam a fé. O inimigo estava raivoso e querendo acabar com o tesouro das Lágrimas de Maria. Tentou de um jeito, em que quase conseguiu, depois tentou fazer com que um novo regime de manipulação em massa fosse instaurado na *Terra da Santa Cruz*, um método que faria com que os brasileiros não mais pudessem demonstrar que tinham uma religião.

Durante o *Congresso Latino-Americano*, em Moscou, em 1934, foi discutida a intenção de formar uma frente única popular comunista internacional. Um dos países-alvo era o Brasil, contra o qual, em silêncio, foi preparado um levante dos comunistas. Em abril de 1935, um dos chefes da organização comunista, Luís Carlos Prestes, voltou ao país para derrubar o presi-

---

[211] *Vida Íntima I*, 20-8-1930.

dente Getúlio Vargas, iniciou os preparativos para a tomada do poder e a instalação de um governo comandado pelo regime socialista.

A RAINHA DO BRASIL

Desde setembro de 1934, as manifestações dos estigmas, na Irmã Amália de Jesus Flagelado, aconteciam regularmente. Os *estigmas não só fecharam como da primeira vez. Foram abertos e assim ficaram até o fechamento*[212], que aconteceu no dia 11 de maio de 1935. Ela ficou durante nove meses sofrendo a Paixão de Jesus. Amália, naquele dia 11 de maio, comemorava o sétimo aniversário de sua tomada de hábito e um ano de seu casamento místico com o amado Jesus. Devia ser, por isso, que os estigmas se fecharam. E, nesse mesmo dia, ela recebeu a visita de Nossa Senhora das Lágrimas que se identificou como *A Rainha do Brasil* e deixou uma mensagem:

> *O Brasil me pertence, sobre ele estendi meu manto protetor; porém é necessário que este povo venha a mim, entrando em minha arca, para poder assim se livrar esta terra de ser regada com sangue dos mártires!*
> *É necessário que os antros de imoralidades não sejam assim frequentados, para diminuir a lama nojenta da impureza, que vai por tantos corações!*
> *Eu sou a Rainha dos brasileiros e os salvarei, se me reconhecerem como tal, recorrendo a mim, como filhos submissos e obedientes às leis da Santa Igreja.*
> *Óh! Eu salvarei o Brasil, se todos os dias ouvir nos lares: Ave, Maria, cheia de graça, o Senhor é convosco, bendita*

[212] Dom Francisco de Campos Barreto. In: *Livro do Tombo Diocese de Campinas,* 1922-1939, p. 63B.

> *sois vós entre as mulheres, bendito é o fruto do vosso ventre. Óh! Se todos os brasileiros repetirem: Santa Maria, Mãe de Deus, rogai por nós, pecadores, agora e na hora de nossa morte!*
> *Salvarei o Brasil, se ouvir em todas as casas ao menos uma jaculatória de minha Coroa das Lágrimas. Se assim falo, é porque desejo ver esta terra de Santa Cruz triunfar de seus adversários, que desejam implantar o terrível inimigo, que já tomou conta de outras terras, que não me reconhecem como Mãe!*
> *Sou Mãe, sou Rainha dos Brasileiros, portanto todos os que desejam ser bons brasileiros que venham a mim, e a vitória será nossa, porém, se se afastarem da Rainha, perecerão!*
> *O Brasil só triunfará, desembainhando a espada, que sou eu mesma. Sim, os brasileiros triunfarão com esta espada na mão e não haverá inimigo que eles não derrotem. Mas, se não me derem acolhimento, terei de ver meus queridos filhos gemerem!* [213]

Essa mensagem para os brasileiros foi publicada no livro *Nossa Senhora das Lágrimas e o seu Pombal*, em 1935, com o título: A Rainha do Brasil. Na mesma página, existe a explicação de que Nossa Senhora das Lágrimas é a *Arca da Salvação*, porque o mundo se encontrava tão cheio de impurezas como antes do Dilúvio! E, para livrá-lo de grandes castigos, necessitava de outra arca, Nossa Senhora das Lágrimas.

Ela explicou para a Irmã Amália como queria que fosse rezada a Coroa de suas Lágrimas; que fosse estabelecida nas casas de família a Hora de N. S. das Lágrimas; e que cada família deveria escolher um dia do mês, às sete horas da noite, para recitar a Coroa das Lágrimas com muito amor. Se assim fosse feito, se os homens de boa vontade dessem acolhimento a suas Lágrimas, muitas bênçãos cairiam sobre o mundo.

---

[213] *Nossa Senhora das Lágrimas e o Seu Pombal*, 1935, p. 25.

Essa mensagem foi divulgada em jornais em toda a nação brasileira e, no dia seguinte (12 de maio), publicada em um dos jornais de maior divulgação nacional, *Lar Cathólico*, editado pelos "Missionários do Verbo Divino". Havia na matéria a explicação de que era uma revelação privada que apresentava todas as garantias de autenticidade, com o devido selo do *Imprimatur*.

O combate entre o poder das Lágrimas de Maria e o inimigo infernal continuava.

Unidos em orações

Enquanto o povo orava, o levante comunista continuava ameaçando a paz nacional. No dia 5 de julho de 1935, Luís Carlos Prestes declarou publicamente que a situação era de guerra e cada um precisava ocupar seu posto; ao finalizar exclamou: "Abaixo o governo odioso de Vargas! Por um governo popular nacional revolucionário! Todo o poder à ANL!" No dia 11 de julho, o Governo Federal utilizou-se da *Lei de Segurança Nacional* para fechar a ANL. No dia 23 de novembro, em Natal, iniciou-se um movimento armado pelos sargentos, cabos e soldados do 21º Batalhão de Caçadores, que ficou conhecido como *Intentona Comunista*. No dia seguinte, foi a vez de o levante atingir a cidade de Recife, contido na noite de 25 de novembro, com a chegada do 22º Batalhão de Caçadores, de João Pessoa, e do 20º Batalhão, de Maceió. Esse confronto provocou a *morte de cem pessoas*, a maior parte civis que aderiram ao movimento. Os principais líderes da revolta foram presos: comunistas, aliancistas e simpatizantes.

Além de Natal, foram ocupadas outras cidades do Rio Grande do Norte. Mas, já no dia 27 de novembro, as tropas do Exército e as polícias dos estados vizinhos tomaram o poder das mãos dos revoltosos. O comando maior dos socialistas organizou novas medidas de tomada de poder. Para isso, no dia 26 de novembro, enviaram emissários com cartas informando darem início ao movimento armado. A Polícia Federal conseguiu apreender os documentos destinados a Minas Gerais e ao Rio Grande do Sul, garantindo o fracasso da ação nesses estados. Porém as cartas destinadas ao 3º Regimento de Infantaria da Praia Vermelha, Rio de Janeiro, foram entregues, e os revoltosos contaram com a adesão de aproximadamente 2/3 da tropa, assumiram o comando do 3º RI e prenderam toda a oficialidade. Ao meio-dia de 27 de novembro, o comandante da 1ª Região Militar, general Eurico Gaspar Dutra, e suas tropas invadiram o quartel, forçando a rendição dos revoltosos. O bombardeio da artilharia terrestre fez cerca de 20 mortes.

Milhares de brasileiros católicos atenderam aos pedidos de orar diariamente pelo menos uma *Ave-Maria* ou a jaculatória da Coroa das Lágrimas pela paz no Brasil. E, assim, cumpriu-se a promessa de Nossa Senhora Medianeira da Paz, Rainha do Brasil.

VISITA DE BENEDITINO

Dom Francisco de Campos Barreto, no dia 24 de junho de 1936, enviou nova carta para o Vaticano, com o pedido do "Decreto de Louvor e a aprovação das Constituições" do *Instituto das Missionárias de Jesus Crucificado.*

O monge beneditino, frei Lourenço Zeller, foi nomeado para uma avaliação mais detalhada ao Instituto Missionárias de Jesus Crucificado. Ele chegou a Campinas, em julho de 1936. Escreveu dom Barreto que o beneditino frei Zeller, na qualidade de Visitador Apostólico, compareceu ao Instituto das Missionárias e apresentou uma carta da Congregação do Santo Ofício nesse sentido. Visitou as irmãs professoras e as casas de Campinas, São Paulo, Santos, Bahia e Recife. Nas visitas que frei Zeller fez às casas do Instituto, acompanhou o frei dom Amaro van Emelen O.S.B. (1863-1946), prior do Mosteiro de São Bento, em São Paulo, e ex-reitor do renomado colégio da Ordem Beneditina (1928-1929).

Dom Barreto perguntou ao frei Zeller se ele queria avaliar o caso da Irmã Amália. Ele respondeu que não havia tempo para isso. O bispo de Campinas ainda indagou o que o juizado da Santa Sé dizia sobre esses casos. Frei Zeller explicou que casos como aquele da

Irmã Amália só interessariam ao dicastério do Santo Ofício depois da morte das irmãs. Entretanto, instruiu dom Barreto, de modo geral, o que havia sobre isso.

O beneditino Zeller comentou que foi visitar o Instituto porque em Roma chegaram as notícias mais desencontradas sobre a vida do Instituto e o modo de parecer das Irmãs em geral. Era tão séria sua visita que, com ele, havia uma carta que lhe dava plenos poderes para retirar ou transferir as irmãs, e até mesmo, "proibir" e "fechar" o Instituto Missionárias de Jesus Crucificado. Tudo ficou esclarecido, dom Barreto deixou registrado que: *Felizmente ficou demonstrado que as acusações eram mais obras diabólicas.*[214] O bispo de Campinas tinha inimigos infernais que já haviam tentado contra sua vida; queriam destruí-lo por aceitar e divulgar a Coroa das Lágrimas de Nossa Senhora.

Veredicto do Santo Ofício

Tudo parecia tranquilo, ainda mais depois da conversa esclarecedora que tiveram frei Zeller e dom Barreto. Porém chegou nova carta do Santo Ofício que informava o não reconhecimento dos fenômenos na Irmã Amália e sentenciou "Silêncio" aos acontecimentos.

---

[214] *Visitador Apostólico no Instituto.* Dom Francisco de Campos Barreto. In: *Livro do Tombo Diocese de Campinas,* 1922-1939, p. 64A.

Dom Barreto, por meio de uma nova circular, declarou, a respeito dos episódios da estigmatizada Irmã Amália, que iria acatar a ordem da Santa Sé, pela obediência. Porém, em momento algum, ele afirmou que os fenômenos eram falsos. Podemos imaginar o quanto essa imposição de *Silêncio*, a respeito da Irmã Amália, causou-lhe grande dor no coração e abalou sua saúde.

Era uma época em que o Dicastério Romano trabalhou muito, "de 1919 até fevereiro de 1939, no Santo Ofício, junto com um grande número de episódios de suposto misticismo (cerca de duzentos), havia pelo menos 11 casos de estigmatização, ou seja, de padre Pio da Pietrelcina, Lina Salvagnini, Ester Moriconi, Elena Aiello, Therese Neumann, Lina Barone, Adele di Mauro, Anastasia Voloscyn, Irmã Amália de Aguirre, Rachele Galatiu, Irmã Marie Naud de la Croix".[215]

Parecia que o império infernal conseguia tomar a frente da situação, ganhar terreno, invadir as casas para acabar com a tranquilidade familiar, derrubar as muralhas que mantinham a fé intacta, corroer as amarras da fé onde as pessoas aportavam naus da esperança, arrebentar as contas do terço Coroa das Lágrimas que foi corda para tirar tantas pessoas da escuridão. Era preciso lutar contra esse império do mal. Dom Barreto estava triste, mas ainda tinha forças para o combate. Decidiu lutar.

---

[215] Francesco Castelli. Artigo Stimmate 'Sotto la Lente' del Sant'uffizio: *I Casi di Padre Pio da Pietrelcina e di Therese Neumann*, 2013, p. 364 e 365.

O processo

Em abril de 1937, cardeal Sbarretti, Secretário da *Suprema Sagrada Congregação do Santo Ofício*, encarregou dom Francisco de Campos Barreto a fazer revisão das Constituições, do Diretório e do Livro de Orações do Instituto. Ele tinha de tirar tudo que se referisse às revelações da missionária Irmã Amália de Jesus Flagelado e à devoção às Lágrimas de Nossa Senhora. Obediente, o bispo de Campinas atendeu ao pedido. Embora a ordem de "Silêncio" imposta fosse muito difícil de se cumprir, ele a aceitou.

Mesmo depois de obedecer, recomeçou a enviar cartas para o Santo Ofício para saber as questões que precisavam ser sanadas, a fim de que o Vaticano aceitasse os fenômenos da Irmã Amália e a devoção às Lágrimas de Maria. Era preciso verificar cada ponto do processo.

Ele deixou registrado que o processo da Irmã Amália tinha alguns pontos que ainda não foram bem esclarecidos em Roma, por isso havia dificuldades na apresentação do Instituto. É como se o próprio Instituto tivesse um estigma, que hora sangrava muito e doía, pois o Santo Ofício continuava "contrário à Devoção a N. Senhora das Lágrimas, como foi proposta".[216] Por incrível que pareça, sempre que ele pedia nova avalia-

---

[216] 27 de agosto de 1936, Jubileu Episcopal. Dom Francisco de Campos Barreto. *In: Livro do Tombo Diocese de Campinas,* 1922-1939, 1936, p. 65A.

ção, vinha a resposta de que, ao verificar o inquérito, sempre faltava um documento ou pedia novas provas.

> Entretanto essa demora e essas dificuldades só concorrerão para o Instituto ser mais bem estudado e finalmente apreciado, mesmo com suas extrassensoriais.[217]

Pediam-se novamente documentos, fotos e tudo mais que fosse relacionado com a Irmã Amália.

---

[217] Ibidem.

DOM BARRETO COM A SAÚDE ABALADA

> *Jesus, que ventura a minha viver ao lado de meu Pai* [dom Barreto]*! De minha santa Mãe* [madre Villac]*, estes que um dia hão de ter a seu lado uma multidão de virgens! Estes que um dia hão de se sentar nos tronos dos fundadores! Que ventura amável, Jesus! Ah! Jesus, por eles, se preciso for, darei minha vida para que os façais santos, para que assim correspondam a vossos desejos. Sim, vós os desejais grandes santos para que suas filhas possam dizer: à imitação deles precisamos nos santificar!* [218]

Foram muitos os embates de dom Barreto com o inimigo infernal. Ele procurava um jeito de mostrar ao Santo Ofício a veracidade dos fenômenos na Irmã Amália, de quem era o exorcista. Ele, que tinha uma diocese inteira para tomar conta, precisou de um tempo em Águas de São Pedro, em uma clínica de repouso, para se restabelecer fisicamente do desgaste. Ficou uns dias nessa clínica, descansando. Parecia bem recuperado, tanto que, na sexta-feira, 26 de março, às 18h, antes de voltar para Campinas, deu a bênção às obras do novo prédio destinado aos pobres da *Associação das Damas de Caridade*, instituição que auxiliava os pobres daquela cidade.

À noite, ao terminar a *Via-Sacra*, foi para a Casa Paroquial com os sacerdotes e os fiéis católicos. O bispo comentou o crescente movimento religioso na

[218] *Vida Íntima I*, 19-7-1930.

paróquia, atribuiu-o à devoção de Nossa Senhora e recomendou que continuassem nessa devoção: "deu ao povo a bênção de Nossa Senhora das Lágrimas. Enternecidos, os presentes, ao se retirarem, oscularam seu sagrado anel pastoral".[219]

No dia seguinte, dom Barreto voltou para Campinas, satisfeito. Conseguiu descansar um pouco, cuidar de sua saúde, "até então abalada pelos múltiplos trabalhos da Diocese".[220]

---

[219] Dom Francisco de Campos Barreto. In: *Jornal Caldas de São Pedro*, SP, 1937, p. 4.
[220] Ibidem.

NOVAS ORDENS

A Sagrada Congregação do Santo Ofício, por meio da Nunciatura Brasileira, no dia 3 de abril de 1937, enviou um documento em que ordenava a dom Francisco de Campos Barreto enviar para ela um exemplar das Constituições, do Diretório e Livro de Orações do Instituto, os *cadernos com o escrito da Irmã Amália, bem como outros escritos que dela existissem.*

Com essa requisição, veio uma nova ordem contra a devoção a Nossa Senhora das Lágrimas que o abalou muito.

> *Não compreendo bem o alcance de mais essa proibição, por quanto depois da primeira de cessar todo o culto externo e toda propaganda, eu já vinha fazendo em torno dessa devoção. A obediência à primeira proibição foi completa e permanente, o que não aclamava nova proibição.*[221]

Era penoso demais para o bispo, porque ele acatou todos os mandos ordenados pelo Santo Ofício de não mais divulgar a devoção às Lágrimas de Nossa Senhora. Se a devoção continuava, era porque ele não tinha como pará-la no coração de milhares de pessoas que, piedosamente, conseguiram as graças pedidas

[221] Dom Francisco de Campos Barreto. In: *Livro do Tombo Diocese de Campinas,* 1922-1939, p. 67B.

por meio dessa oração. Era impossível tirar delas o que Deus tinha concedido.

O caso Amália não havia sido encerrado, tanto que, nesse pacote de correspondências, veio a ordem de enviar para o Santo Ofício os originais da Irmã Amália. Talvez fosse uma luz no fim do túnel, pois eles iriam rever tudo novamente. Dom Barreto logo tratou de providenciar.

> *Essa ordem foi cumprida, e mais que cumprida, porque não só mandei os escritos determinados, como todos os outros que havia e que foram tomado nota quando a Irmã falava em êxtases ou com o demônio.*[222]

No encalço de efetuar essa tarefa, o bispo de Campinas providenciou além dos originais as cópias datilografadas. Essa tarefa demorou bastante tempo, mas conseguiu realizá-la: *mandei tudo com uma cópia à máquina para ser mais compreensível. Foram vinte e um livros originais da Ir. Amália.*[223]

Dom Barreto fez mais do que o pedido, pois, além do material solicitado, enviou também retratos de Amália e de suas mãos estigmatizadas. Adiantou-se por enviar junto um trabalho que fez "sobre os estigmas da Ir. Amália e que só seria remetido à Santa Sé depois da morte dela, como esclarecimento do assunto, [para que] seja tudo pelo amor de Deus, pelo reinado de Jesus Crucificado e pelas glórias de Maria".[224]

---

222 Ibidem.

223 Ibidem.

224 Ibidem.

A percepção espiritual de dom Barreto era muito apurada. Com seus dons especiais, derrotava o inimigo só com o olhar, exorcizava qualquer pessoa com um cartão escrito por ele ou, até mesmo, pelo telefone; era sábio, caridoso, amoroso, humilde e sofria ataques dos que tinham ciúmes de sua integridade, de sua ética e de seus dons. Sua fé era inabalável, pois, quando todos estavam desistindo, levantava a bandeira da crença em Jesus e Maria e ia em frente.

Ao enviar para o Vaticano suas próprias anotações, que eram para ser entregues depois do falecimento da Irmã Amália (o Vaticano jamais declarou santa uma pessoa que estivesse viva), mostrou que sabia de algo mais, que era um visionário.

ADEUS AO PAPA PIO XI

Uma grande perda para a luta pelo reconhecimento da devoção a Nossa Senhora das Lágrimas e pela autenticidade dos fenômenos místicos da Irmã Amália aconteceu na noite de 10 de fevereiro de 1939, quando o papa Pio XI faleceu em Roma, vítima de um ataque cardíaco.

Dom Francisco de Campos Barreto perdeu um amigo que tantas vezes o presenteara com peças sacras de muita estima: solidéu, cálice e as relíquias de Santa Cristina de Bolsena. Deixou escrito no *Livro de Tombo da Diocese de Campinas*:

> *A dez de fevereiro, quando se preparava para falar no dia seguinte a todo episcopado italiano presente no Vaticano, faleceu Pio XI, Papa extraordinário por sua vida, pelas virtudes, sua coragem e seus atos a favor da Igreja* [225]

[225] Dom Francisco de Campos Barreto. In: *Livro do Tombo Diocese de Campinas*, 1922-1939, p. 71.

VOTO DE OBEDIÊNCIA

Irmã Amália lutava com o inimigo, que conseguiu vasto campo onde a devoção a Nossa Senhora das Lágrimas floresceu igual àquele roseiral que ela viu no dia 1º de janeiro de 1930. Ele tripudiou em cima das rosas. Ela sabia que a Igreja Militante era forte, que o inimigo pisou as rosas, mas não matou sua raiz, porque naquele roseiral, cujas rosas foram regadas com as Lágrimas santas da Mãe de Jesus, estava Nossa Senhora. E foi para essa Mãe, advogada, que ela recorreu:

> *Sejam louvados Jesus e Maria, minha Rainha, minha advogada e Mãe, Virgem Santa*
> *Mãe de meu Redentor!*
> *Hoje que a santa Igreja comemora vosso nascimento, venho, humildemente a vossos santíssimos pés, trazer-vos minha humilde e pobre homenagem. Elas são tão indignas, mas me atrevo a escrever-vos estas pobres palavras, confiando em vossa maternal bondade! Quisera, mãe querida, ser como santo Afonso Maria de Ligório, como santo Cura d'Ars, como são Luiz de Gonzaga para poder vos alegrar, mas infelizmente sou uma pobre pecadora, uma indigna religiosa, que vem aos pés de vosso bercinho implorar-vos caridade.*
> *Neste dia, mae querida, em que a Igreja se alegra com vosso nascimento, eu venho humilhada implorar-vos misericórdia para minha alma pecadora, mãe querida, Rainha e Senhora dos Anjos. Tenho tantas cousas a vos pedir: 1º quero vos pedir que tomais conta de minha alma, que me façais amar muito a Jesus, que eu saiba, de hoje em diante, aproveitar minha estadia aqui na Terra para dar Glória a Jesus pela minha santificação; até hoje só tenho desperdiçado o tempo. Tende piedade de mim, mãe querida. Dai-me todas as graças necessárias para minha santificação! Te-*

nho medo de mim mesma e, se vós não me amparardes, que será de mim?

Dai-me fé, dai-me confiança, dai-me fortaleza, dai-me amor, dai-me humildade, dai-me caridade, fazei-me outra, que hoje eu ressuscite para uma vida toda de pureza e amor, que de hoje por diante eu ame a vida sobrenatural e despreze essa vida animal.

Minha mãe, não esqueçais as cousas que vos entreguei, o negócio de Roma, nosso Instituto, a hora de minha morte, a santificação de minha família e a da madre Mestra, a salvação dos pobres pecadores, o livramento das almas do Purgatório, principalmente aquelas que eu sou obrigada a rezar.

Minha mãe, sede minha verdadeira mãe, fazendo com que eu seja vossa verdadeira filha! Tende piedade de minha alma, dai-me a verdadeira vocação religiosa. Pedi a Jesus que me dê seu santo amor, que me perdoe todos os meus pecados, que me dê a contrição perfeita, (e que eu) morra: abraçada de seu santo amor; fazei com que eu vos ame de todo o meu coração e que vos faça conhecida e amada em vossas Dores, se isso for de vossa vontade.

Peço-vos, minha Senhora e Rainha, que tireis de meu coração a incredulidade, a dureza para as coisas do céu.

Tende, finalmente, piedade e compaixão de vossa indigna pecadora e escrava ingrata.

Ir. Amália Maria de Jesus Flagelado – M. de J.C. Campinas 8-9-1939

Festa de Natividade de Maria.[226]

Irmã Amália pediu ajuda da Mãe para poder seguir em frente. Precisava novamente acreditar que fizera tudo certo, porque as provas da vida, as expiações que fez pelos pecadores, as investidas do inimigo, a sentença de silêncio, feita pelo Santo Ofício, a saúde precária de dom Barreto, tudo parecia minar suas forças. Mesmo com todas essas contrariedades, lutas, tristezas, ela pedia para ficar abraçada com o santo amor. Em anexo, na carta, fez um pedido pela irmã Vitalina, amiga que

[226] Irmã Amália Maria de Jesus Flagelado. *Carta a Nossa Senhora*. Folhas Avulsas.

estava a seu lado em todas as ocasiões, testemunha fiel dos estigmas, dos êxtases, das mensagens e das lutas contra o demônio.

> *Mãe querida, minha Rainha, minha advogada, tudo quanto vos pedi para mim, vós sabeis que eu também vos peço para madre Mestra Ir. Vitalina, como prova de gratidão, eu vos peço, deis a ela; mais ainda, transformai seu coração para que, na hora de sua morte, possa ter muita confiança em vós e morra abraçada no (doce) amor e em vossos braços.*[227]

Seis anos depois de seu casamento místico com a Santa Humildade, Amália soube que caminharia de mãos dadas com ela para o resto de sua vida. Jesus ensinou a ser a violetinha de jardim, aquela que é pisada e ainda exala um doce aroma. Certa vez, Amália disse: *Se estou vos pedindo sofrimentos é porque foi vós que colocastes esse sentimento em mim.* Assim aceitou com humildade os sofrimentos.

M. Bernadette Villac Adde, sobrinha de madre Maria Villac e amiga pessoal da Irmã Amália, comentou que, depois desse período em que a missionária "aparecia e muitos assistiam às visões, Roma achou melhor que ela se retirasse totalmente e se escondesse. A obediência dela foi impressionante. Ela nunca questionou nada".[228]

E, aconteceu que, nessa época, chegaram ao instituto as novas imagens de Nossa Senhora das Lágrimas, que seriam entronizadas nas paróquias de diversos estados brasileiros. Foi decidido que elas deveriam ser

---

[227] Ibidem.

[228] Maria Bernadette Villac Adde, São Paulo, SP, 25 de novembro de 2020.

guardadas. Então *as imagens já prontas, encaixotadas e lacradas, foram para o porão do convento. Ao abrir as caixas, todas as imagens estavam com as mãozinhas quebradas, relatou madre Villac para seus pais, quando ainda morava no instituto, em Campinas.*[229] O inimigo foi ardiloso. A devoção de Nossa Senhora das Lágrimas, especialmente a jaculatória: *Ó Virgem Dolorosíssima, vossas Lágrimas derrubaram o império infernal* é um verdadeiro exorcismo, por isso o inimigo criou barreiras para que não fosse divulgada pelo mundo. Mas ele não sabia que essa devoção é semente de amor, que foi semeada em solo sagrado do coração humano, por isso se passa o tempo, brota e volta a florescer.

229 Ibidem.

O ADEUS AO BISPO DOM FRANCISCO DE CAMPOS BARRETO

Lá do céu tenho de voltar para extirpar de certos corações as ideias errôneas que fazem a respeito do Senhor [Dom Barreto] para maior brilhantismo de nosso querido Instituto. Isto Jesus me revelou já faz mais de 4 meses.[230]

Dom Francisco Barreto, no dia 14 de agosto de 1941, foi para Belo Horizonte e inaugurou, na cidade Ozanan, a obra de assistência aos pobres dirigida pelas *Missionárias de Jesus Crucificado*. Poucos dias depois, ele não se sentiu bem e resolveu voltar para Campinas. Durante a viagem, não se sentiu bem, apresentando um quadro de pneumonia dupla e uremia. Recolheu-se no Palácio Episcopal, acamado, sob vigilância e cuidados dos médicos dr. Manoel Dias, dr. Azael Lobo, dr. Armando da Rocha Brito e dr. Flávio Magalhães de Campos (sobrinho dele), que usaram os melhores recursos medicinais na tentativa da cura.

Em seu aposento, na presença do arcebispo, dom José Gaspar de Afonseca e Silva, do prefeito de Campinas, Lafaiete Álvaro de Souza Camargo, foram administrados os últimos sacramentos pelo Vigário-Geral, monsenhor Luiz Gonzaga de Moura. Faleceu

---

230 *Vida Íntima I*, 15-2-1930.

às 22h52, do dia 22 de agosto de 1941, no Palácio Episcopal. O sepultamento de dom Barreto se deu no dia 23 de agosto, na cripta da Catedral Metropolitana, de Campinas.

No testamento, dom Francisco de Campos Barreto deixou escrito:

> *(...) O que aí se desenrolou a meu respeito como seu Fundador, o que aí se vê das bênçãos e da visível proteção e assistência de Nossa Senhora das Lágrimas sobre essa gloriosa instituição, que já é uma honra da Igreja, vem bem demonstrar a confirmação de que não tenho palavras, nem obra, nem coração, para suficientemente agradecer e pagar à Nossa Mãe e Riqueza tudo quanto dela tenho recebido.*
> *(...) Ó! Como morro feliz nos braços de minha Mãe, Nossa Senhora das Lágrimas, convencido do grande destino que esse título vai ter na história da Igreja, cooperando com ela na proclamação de mais uma gloriosa afirmação – Nossa Senhora como Medianeira de todas as graças.*
> *(...) Tenho assim terminado a declaração de minha vontade e oxalá seja ela aceita por Deus e abençoada por Nossa Senhora das Lágrimas.*
> *Francisco, Bispo de Campinas.* [231]

Para os que ficaram, deram um jeito de falar da devoção, amor incondicional que dom Barreto tinha por Nossa Senhora das Lágrimas. No livro de homenagens póstumas "Ao nosso ínclito pai fundador, Dom Francisco de Campos Barreto", as Missionárias de Jesus Crucificado deixaram registrado:

> *Morreu nosso pai, mas suas obras permanecem vivas e as quais quinhentas filhas que deixa na orfandade, feridas em*

---

[231] Dom Francisco de Campos Barreto, nosso ínclito Pai Fundador, 1941, pp. 6 a 8.

su'alma, unem-se à Virgem das Dores para que as Lágrimas de Mãe querida e das filhas saudosas se mesclem nos longos dias de soledade. [232]

Dom Francisco de Campos Barreto tinha o piedoso hábito de, em certas dedicatórias pessoais, legar o sorriso de Maria. Muitos vezes, a seu nome, acrescentava gostosamente: ... de Maria... Francisco de Maria.

Quando o bispo campineiro faleceu, ainda estava na luta para reativar a divulgação da devoção a Nossa Senhora das Lágrimas. Ele não desistiu, havia enviado para o dicastério da Causa dos Santos todos os documentos que pediram. Se o processo estivesse encerrado, não pediriam esses documentos novamente. Ele não entendeu o que aconteceu com os documentos, as cartas, as fotos, os laudos médicos que enviou, porque, depois, recebeu o pedido para fazer tudo novamente, mesmo assim... ele organizou tudo e mandou. Com seu falecimento, tudo ficou parado, sem progresso para essa autorização. Parecia vitória do inimigo infernal, porém o tempo é de Deus. Ele conhece tudo. Logo depois do sepultamento de dom Barreto, na publicação de sua Polianteia, monsenhor João Alexandre Loschi, não teve receio de testemunhar:

D. Barreto passou pela vida semeando o bem, defendendo a verdade, retribuindo com preces e flores as pedradas recebidas, morreu de fronte erguida, como apóstolo exemplar.

(...) Quando a orla de caluniadores atirava contra ele as mais injustas e degradantes infâmias, filhas de corações dignos

232 Dom Francisco de Campos Barreto, nosso ínclito Fundador. *In Memoriam*. Missionárias de Jesus Crucificado, 1941.

deles – de consciência tranquila dizia: "A Santa Sé, a quem consultei, não quer que me defenda."

Então a sós, aos pés do Sacrário, olhos fixos na Cruz, orava, pelos seus ofensores: Pater, dimitte ilis, non enim sciunt quid faciunt. S. Lucas – XXIII – 33.

Era a obediência a lhe impor o silêncio que se convertia em preces de perdão. Era sempre com edificante respeito que o Sr. Bispo de Campinas, publicava as ordens de Roma e exigia o cumprimento.

Caráter que nunca soube recusar diante dos inimigos da verdade os encarniçados, curvava humilde sua fronte ante o menor aceno de Roma.

"O meu ato, (dizia ele certa vez perante seu clero reunido), deixa de existir, porque Roma pensa diversamente.

(...) Do ardor do seu zelo, inflamado no Coração de Jesus, nasce uma falange de anjos em busca de almas; o inimigo da salvação tece todas as armadilhas, para deter a marcha do exército azul; a Igreja, na sua secular prudência, manda ocultar os fatos.

(...) Dom Barreto mais uma vez leva sua submissão ao escrúpulo, aguardando novas orientações de Roma. Orientações que seu coração não as pode saborear na terra, porque foi receber a recompensa plena, no Céu.

Sim, dom Barreto tinha muito escrúpulo e acatou todas as ordens vindas de Roma e até a sua morte, ainda esperava uma resposta positiva aos pedidos feitos para a divulgação do poder das Lágrimas de Maria.

Pai, perdoa-lhes, porque eles não sabem o que fazem.

Falange de Anjos e Exército Azul são como o clero e alguns fiéis chamavam as Missionárias de Jesus Crucificado.[233]

---

233 *Vida Íntima I*, 30-7-1930.

Parte III

Brasil:

Terra de Santa Cruz Taubaté

A MUDANÇA

Sofre, avante com a cruz! No reino de meu Pai, bendirás as horas que, por minha permissão, assim foste esmagada pela dura cruz das humilhações.[234]

A imposição de silêncio foi aceita por Irmã Amália em obediência. Ela morou 34 anos em Campinas e, no dia 23 de novembro de 1953, com a saúde muito debilitada, foi transferida para a cidade de Taubaté, SP, na companhia de sua inseparável amiga madre Vitalina Rezende. Nessa época, o bispo diocesano era dom Francisco Borja do Amaral, nascido em Campinas. Ele era amigo de dom Barreto e da madre Maria Villac. Em sua infância conviveu com eles. A pomba Amália voou para o ninho feito com carinho por um bispo que era samaritano das religiosas, dom Borja. Foi ele quem incentivou e ajudou madre Carminha a fundar o Mosteiro da Santa Face e Pio XII, em Tremembé, SP, cidade ao lado de Taubaté. Na juventude e na vida adulta, Carminha foi amiga de Maria Villac, participando, inclusive, das orações depois da missa e das ações de caridade com o grupo de mulheres que deram início ao Instituto.

Irmã Amália e madre Vitalina foram morar em um anexo, na *Casa Nossa Senhora Aparecida*, na Praça

---

[234] *Vida Íntima I*, 10-3-1930.

Santa Teresinha, centro da cidade. Nela, havia uma sala, um banheiro e um quarto, tudo bem simples. Ali ela recebia as missionárias, seus familiares e muitas amigas que sempre a visitavam.

SILÊNCIO

Jesus lhe havia profetizado que, por ela aceitar o caminho do Calvário, seria abandonada. Ela experimentou vários tipos de abandono, o mais cruel foram os momentos em que Jesus teve de expiar almas: *"Eis, filha, porque eu assim te trato, e trato as almas que querem se santificar; por isso te mando exclamar: feliz e venturosa a alma que sabe aproveitar deste presente: O ABANDONO!"* [235]

O Silêncio é o ressoar do espírito em Abandono. Nesse momento é que temos de ter confiança. Amália sabia disso, e sua confiança era por meio do *Cálice Sagrado da Paixão de Cristo*.

Interessante a explicação do padre capuchinho, frei Inácio Larrañaga a respeito do "Silêncio". Segundo ele, o silêncio gera tudo que é definitivo porque compõe nascimento, vida e morte.

> *Silêncio é o novo nome de Deus. Penetra tudo, cria, conserva e sustém tudo, e ninguém percebe. Se não tivéssemos a Palavra, e as evidências de seu amor, experimentadas todos os dias, diríamos que Deus é enigma. Mas não é exatamente assim. Deus "é" Silêncio, desde sempre e para sempre. Opera silenciosamente nas profundidades das almas.*[236]

---

[235] *Do Presídio de Amor*, 1935, p. 36.

[236] LARRAÑAGA, Inácio. *O Silêncio de Maria*, p. 90.

O silêncio produz sabedoria. Dentro dela, cresceu a alma da Irmã Amália. Ela, ao longo dos anos, desde sua *Primeira Comunhão*, auxiliou os pobres em Riós, acarinhou os mais velhos; quando veio para o Brasil, continuou praticando a caridade, participou das celebrações Eucarísticas, uniu-se ao grupo de religiosas, foi missionária... jamais se desviou do caminho de seu calvário. Seus estigmas sempre doeram, mesmo quando, ainda jovem, não foram manifestados publicamente, mesmo quando a dor era somente interna. Esse foi seu primeiro "Silêncio". Depois, Deus quis que, durante um certo tempo, essas santas chagas fossem visualizadas, a fim de haver um tempo da preparação para a mensagem de Nossa Senhora das Lágrimas, que nos deixou um legado de esperança, e não haver dúvidas de que Irmã Amália era digna de receber ilustre visita.

Em sua aparição, a Mãe de Jesus também disse o quanto Amália iria sofrer com humilhações e lhe deu ânimo para continuar a missão. A paciência é um dos frutos do silêncio, e a Irmã Amália foi esculpida por meio do cinzel de Jesus, no silêncio da lapidação dolorosa que a ensinou a ter paciência.

> *Não há lógica "humana" em seu agir. Os pensamentos e critérios de Deus são diferentes dos nossos. O mais difícil é ter paciência com esse nosso Deus. O mais difícil, em nossa ascensão para Ele, é aceitar em paz essa gratuidade essencial do Senhor, sofrer com paciência suas demoras, aceitar em silêncio as realidades promovidas ou permitidas por Ele. Deus é assim. Gratuidade.*[237]

---

[237] Idem, pp. 90,91.

Cada “mais tarde” que Jesus dizia a sua amada Amália era uma semente de paciência enterrada na terra fértil de sua alma, terra do silêncio.

CORAÇÃO

Teu passado foi apenas uma preparação para que agora possas subir sem temor o caminho que te tracei neste Instituto, por minha Divina Vontade.[238]

Desde sua tranverberação, em março de 1930, o coração da Irmã Amália a cada ano ficava mais fraco. Ela precisava sempre de cuidados médicos. Foi internada, dia 16 de janeiro de 1956, no Hospital Santa Isabel, para exames médicos, em Taubaté, cidade famosa, no Vale do Paraíba, por sua Faculdade de Medicina, que tem sempre os melhores médicos e ótimos recursos hospitalares.

Era preciso cuidar do coração de Amália Aguirre. Ela fez um eletrocardiograma a pedido dos doutores: Cícero Haddad e André Ribeiro de Almeida. O diagnóstico foi escrito manualmente: *Infarto Antero-Septal, possivelmente supra-ajuntado a um Infartoe posterior antigo (antero-posterior antigo).*[239]

Sim, como Irmã Amália teve vários infartos, seu coração era ferido. No começo da década de 1930 desenhou, ou desenharam a pedido dela, a fim de enviar para o Dicastério do Santo Ofício (Causa dos Santos),

[238] *Vida Íntima I,* 10-3-1930

[239] Documento: Hospital Santa Isabel, Serviço de Cardiologia, Taubaté.

as várias lesões dentro dele. Por causa disso, infartou diversas vezes. É preciso entender que as feridas no coração, causadas pela transverberação, são iguais às de um infarto.

Naquele ano de 1956, isso fez com que a missionária sofresse novamente um infarto e, milagrosamente, recuperasse-se, continuando com suas orações e obras de caridade.

As dores eram muitas para o corpo frágil da esposa de Jesus: sofria as dores da Flagelação, da Coroação de Espinhos, da Paixão e da Transverberação. Geralmente os seus nem sempre estavam visíveis; porém "ela sentia dores atrozes como quando os estigmas eram visíveis"[240], conforme esclareceu Marilena Rabelo dos Santos, assistente social que trabalhou muitos anos no *Lar Irmã Amália sob o Patrocínio de São José*, em Taubaté.

---

[240] Marilena Rabelo dos Santos, 14 de novembro de 2020, Taubaté, SP.

MAIS TARDE

Em Taubaté, Amália não era conhecida como foi em Campinas. Apresentava-se como Irmã Amália Aguirre, não mais usava "de Jesus Flagelado" para poder passar despercebida, principalmente pela mídia. Dessa maneira, ela podia também ter a liberdade de andar pelas ruas. O "mais tarde" de seu amado se tornou possível, pois, mesmo munida de uma bengala, andava pelas ruas de Taubaté. Em uma carta, escrita no dia 6 de março de 1931, desabafou que, desde criança, sentia o desejo de ajudar os pobres, os doentes, os famintos, os que passavam frio; mas *estes desejos tão veementes constituíam para meu coração um verdadeiro martírio porque nunca os pude realizar, até em dia de hoje.*[241]

Com 54 anos de idade, embora não fosse mais jovem, pretendia começar suas obras de caridade. As dores dos estigmas continuavam, mas já não se manifestavam externamente com frequência, somente na sexta-feira ou na Semana Santa. Seus colóquios com Jesus e Maria também não eram tão frequentes. Por receber mensagens mais particulares, algumas escreveu, outras... não. Ainda sofria as investidas do inimigo que a maltratava física e mentalmente. Mesmo com todas

---

[241] *Vida Íntima II*, 6-3-1931.

suas dificuldades, até mesmo para andar, ela se confessava, ia à missa e saía à procura de pobres para auxiliar. Seu coração era lesado pelo amor e era por meio desse amor que se colocava a caminho.

AS DORES

Portanto, filhinha, sigamos juntos ao Gólgota, Cruz, humilhações, terríveis combates.[242]

Quando os estigmas se manifestavam externamente, não sangravam como antigamente. Entretanto, internamente, Irmã Amália tinha muitas lesões, e seu corpo fraco precisava de mais atenção. Para descansar um pouco, ela se sentava em uma cadeira de ferro tecida com fios de plástico verde. Algumas vezes preferia o silêncio como companhia; sem conversar, orava. Esse tempo durava pouco, porque logo apareciam pessoas para dialogar com ela, não por ali estar uma mística, pois somente os que a conheciam, desde Campinas, estavam cientes disso, mas por Amália ter conseguido o anonimato da Amália de Jesus Flagelado e conquistado muitos amigos para a Amália Aguirre.

Por ser caridosa e prestativa com os mais necessitados, era sempre procurada. Certo dia em que ela descansava dentro de casa, porque estava com muitas dores, aconteceu de baterem à porta pedindo auxílio. Ao atender a todos, disse feliz: *Vejam como me é cus-*

[242] *Vida Íntima I*, 10-3-1930

toso receber visitas em certos momentos. Mas, quando penso em meus pobres, tudo se torna fácil e me enche de prazer.[243]

[243] FRANCO, Maria Apparecida L. Pinheiro. *Serva de Deus, Irmã Amália*, p. 50

CONFIANÇA

Lembrai-vos, Jesus, de quando me abristes vosso peito e me mostrastes vosso coração em chamas e me dissestes: "filha, olha, vê o quanto te amo?" Ah! Jesus desde aquele dia a terra se converteu em triste Exílio! Que penar tão doloroso! [244]

Apesar das dores e do cansaço, atendia a todos que a procuravam. Dessa maneira, fez muitas amizades em Taubaté. Algumas pessoas iam até ela para uma conversa amiga, para ouvir seus conselhos, para aliviar a alma, pois estar com ela era reconfortante.

Os taubateanos conquistaram seu coração. Era diferente de quando estava em Campinas, pois lá era procurada, na maioria das vezes, por causa da curiosidade e de muitos quererem alguma previsão sobre a vida deles. Até mesmo as pessoas do clero assim faziam. Em Taubaté a procuravam para conselhos, pois Amália, ao ver uma pessoa, já sabia seu passado, presente, futuro e usava esse dom para aconselhar e dar alguma informação, se lhe fosse solicitado. Sempre disponível, tinha palavras que acalmavam o coração humano.

Como era bom estar na presença da Irmã Amália. Valia qualquer sacrifício. Nossos pesares como que se diluíam

[244] *Vida Íntima I*, 19-7-1930.

em sua simpatia e em seus conselhos cristãos. O céu tornava-se mais radioso, o caminho iluminado, as dificuldades banalizavam-se.[245]

[245] FRANCO, Maria Apparecida L. Pinheiro. *Serva de Deus, Irmã Amália*, p. 31.

O ENCONTRO DE ALMAS ESTIGMATIZADAS

Tudo para mim é enigma! Minha vida passada, a presente, tudo é um enigma indecifrável? [246]

Uma boa missionária, que tinha a alma grande para ajudar os mais aflitos, que era filha espiritual de Nossa Senhora, amada de Jesus Crucificado e tinha convivido com Irmã Amália, quando morava em Taubaté, relembrou interessante episódio que aconteceu quando fazia companhia para ela.

Um senhor brasileiro, católico, piedoso foi à Itália visitar padre Pio de Pietrelcina da Ordem dos Frades Menores Capuchinhos. Ao chegar a San Giovanni Rotondo, cidade onde padre Pio morava, ficou na fila para conversar com ele.

Ao conhecê-lo, falou que havia viajado muito para conhecer um estigmatizado, pois queria ver as chagas em suas mãos. Padre Pio, que além dos estigmas, tinha vários dons divinos, disse ao homem que ele não precisava ter ido de tão longe, pois, no Brasil, a Irmã Amália tinha as mesmas chagas. Podemos imaginar o susto e a alegria desse senhor.

---

[246] *Vida Íntima I*, 15-2-1930.

Voltando ao Brasil, procurou saber onde a encontrar, pois queria muito conhecê-la. Ela que por tantos anos estava exposta na mídia brasileira, agora estava quietinha em sua nobre missão em Taubaté.

Como aquele senhor tinha o firme propósito de encontrá-la, foi a Taubaté e bateu à porta da casa onde ela residia. A missionária Irmã Maria de Lourdes atendeu-o, ele perguntou se ali morava a Irmã Amália e pediu para vê-la, porque queria falar com ela, mesmo sem ter marcado a visita. Quando a missionária foi até o quarto da irmã e lhe falou que havia um senhor que precisava conversar com ela, respondeu-lhe naturalmente: "Pode deixá-lo entrar, já fui avisada que ele viria. Ele veio de longe para conversar comigo". Assim, a Irmã Maria de Lourdes convidou o homem a esperar na sala. Ao encontrar Irmã Amália, ele descreveu seu encontro com padre Pio, e ambos conversaram muito. Hoje, sabemos disso, graças a uma missionária generosa, com um amor muito grande por Jesus Crucificado e Nossa Senhora.

PENSIONATO PARA MOÇAS

Cuidar dos desvalidos era norma para Irmã Amália, que também tinha predileção pelas jovens das cidades do entorno que necessitavam de lugar para morar porque estudavam em Taubaté: *vendo-se com melhor saúde, passou a trabalhar pelo término da casa, e abriram um pensionato para moças e senhoras, geralmente estudantes de outras cidades.*[247]

O abençoado pensionato fez com que a professora Therezinha Peixoto conhecesse a Irmã Amália Aguirre, e elas se tornaram grandes amigas. Therezinha *tornou-se sua cuidadora e cofundadora de sua obra*. Uma amizade abençoada por Deus; tanto que Therezinha passou a chamar Amália de "mãezinha".[248] Juntas, essas duas mulheres teceram o manto da caridade. Nessa época, começou o desemprego, tempo difícil para várias famílias taubateanas.

Fitejuta

Uma das maiores, ou talvez a maior fábrica, em Taubaté nessa época, era a *Cia Fabril de Juta*, cuja

---

[247] Marilena Rabelo dos Santos, 14 de novembro de 2020, Taubaté, SP.

[248] Ibidem.

fundação foi em 1927, com instalações ampliadas em 1931, 1933 e 1943. Em 1941, instalou seções de tecelagem em Caçapava, Pindamonhangaba e Tremembé. Em 1946, contava com cerca de 4.000 operários, sendo 2.000 deles em Taubaté. Por causa do grande número de trabalhadores, a fábrica construiu uma vila para eles:

> *Dando início a um grande programa de assistência a seus trabalhadores, baseado em habitação, alimentação e instrução, construiu em 1937 a Vila Fabril da Juta, com 130 casas; em 1943 ampliou a vila;... construindo, em 1944, a vila São Geraldo, com 258 casas,... totalizando 430 casas.*[249]

As atividades industriais representavam 75% da produção do município. Muitas famílias moravam nas casas para operários, conhecidas como vilas operárias. Taubaté havia passado de uma cidade de produção cafeeira para industrial. Nessa época, fabricava sacos de estopa para ensacar alimentos: milho, batata e principalmente o café. Era denominada Fitejuta pelos taubateanos.

A partir de 1946, organizou curso de alfabetização para adultos, educação física para os filhos de seus empregados, serviço de assistência dentária e distribuição de abono familiar, passos adiantados no setor de assistência social, com um exemplo de assistência familiar aos empregados.

---

[249] Fabio Ricci. VILAS OPERÁRIAS DE TAUBATÉ: um estudo introdutório, Universidade de Taubaté-UNITAU, Mestrado em Planejamento e Desenvolvimento Regional.

Em 1964, começou um grande declínio nas vendas de sacos de estopa, e, no ano de 1966, aconteceu o fechamento definitivo da Fitejuta. A Vila São Geraldo ficou desabitada, centenas de famílias não tinham onde morar, e os pais ficaram desempregados.

> *Os operários residiam em casas construídas pela própria fábrica na Vila S. Geraldo, Irmã Amália, sabedora da calamitosa vida daqueles que se viram sem emprego da noite para o dia, sem poder alimentar seus filhos pequenos...*[250]

Ciente de que havia crianças pequenas que necessitavam de alimentação, educação, roupas etc., Irmã Amália começou uma campanha para arrecadar leite para os filhos dos desempregados da Fitejuta. Deu mais vazão ainda àqueles sonhos de criança, em Riós, quando saía às ruas para ajudar os mais necessitados. Não que ela tivesse mais que eles, pois, muitas vezes, tirou a necessária comida da despensa familiar para lhes doar inteiramente. Em Taubaté não tinha recursos monetários para realizar seus sonhos de criança, mas tinha a humildade dos que sabem que a intenção no coração é o que vale, que os sonhos são realizáveis mesmo que isso demore, mesmo que o "mais tarde" seja no avançado da vida. Amália conhecia a condição humana e, em sua sapiência, aprendeu que, ao pedir ajuda para sanar um problema, dava aos outros o poder de participar de uma obra benevolente, que se resumia na plena caridade, na demonstração de amor.

[250] Marilena Rabelo dos Santos, 14 de novembro de 2020, Taubaté, SP.

Lactário

Seu pedido de ajuda para criar um lactário foi aceito por várias pessoas, tanto da cidade de Taubaté quanto de outras localidades, porque não mediu distância, telefonou para parentes, amigos, parentes de amigos, a fim de realizar o sonho de construir uma casa que poderia ser abrigo para órfãos e crianças carentes.

Ela necessitava de ajuda financeira e material. Telefonava, recebia pessoas, mesmo que estivesse com dores, porque oferecia seus sofrimentos para a concretização de uma obra, uma casa de caridade. Para isso, trabalhava feliz. As pessoas doavam centenas de litros de leite. Amália sabia que as crianças precisavam de mais que o leite, porque os pais desempregados conseguiam manter o básico da alimentação familiar. Não eram apenas algumas famílias, eram centenas de famílias e, em cada uma delas, muitas crianças. Era preciso ajudar e *as obras que nascem da vontade de Deus... têm a finalidade de nos dar oportunidade de salvação.*[251]

A caridade era a bandeira que flamulava em seu coração sofrido, lesado, e ela levantou essa bandeira para que as pessoas ajudassem na causa, como relembra Thereza Christina Negrisollo.

> *Ela acudia muitas mães com crianças pequenas; ela fazia distribuição de leite, acho que de comida, para as famílias; ela ajudava. A Therezinha era uma professora aposentada.*

---

251 Ibidem.

Se eu não me engano ela dava todo ordenado dela, tudo que tinha para junto da Irmã Amália, fazia essa distribuição, e a Irmã Amália sempre pedia ajuda para o leite para as crianças. Sempre tinha gente que mandava caixas de leite, tinha gente que mandava dinheiro para comprar, enfim tinham todas essas coisas e todo mundo ajudava.[252]

[252] Thereza Christina Negrisollo. São Paulo, 2024.

PELAS RUAS DE TAUBATÉ

Jesus, vede que desfaleço, tenho necessidade de vós. Vós bem o sabeis, porque vós mesmos me dissestes: "só eu posso contentar o teu coração", lembrai-vos? [253]

O tempo da criança Amália chegara, fazendo-se presente naquela missionária com mais de sessenta anos, que caminhava com dificuldades pelas ruas de Taubaté, munida de uma bengala, porque seus passos queriam ser ágeis, como em Riós, mas seu coração não respondia à agilidade da lembrança. Se era preciso expiar os pecados, Amália avançava a passos lentos, com dores por todo o corpo, para oferecer sacrifícios. Ela sonhava com um "Lar" para crianças.

Suas palavras sempre tinham a força de uma árvore que enfrenta uma tempestade e não se quebra, porque aprendeu o sentido maior da humildade, deixar-se vergar, abaixar-se, ser resiliente. *O importante não é viver muito ou viver pouco, mas realizar na vida o plano que Deus nos traçou. À medida que uma alma se humilha, Deus a exalta.* Palavras dela para expressar aos outros o verdadeiro AMOR. Sabia que o triunfo estava em pedir para a Virgem Santíssima e Mãe das Dores, unir as Lágrimas d'Ela a suas lágrimas, que ja-

[253] *Vida Íntima I*, 19-7-1930.

mais iriam se igualar às da Mãe. Seu legado de orar pelo mundo pedindo graças por meio das Lágrimas de Maria, para seu amado Jesus, continuava firme. Seu calvário mostrou-se mais íngreme. Antes não podia andar pelas ruas porque era muito conhecida e assediada; em Taubaté podia andar, mas tinha de ser a passos lentos, apoiada em uma bengala. Imaginemos sua alegria de poder passar pelos transeuntes sem ser notada como uma mística, estigmatizada, que, curvada na dor, andava a passos lentos por causa dos traumas de várias lesões acarretadas por causa dos estigmas... Os que a encontravam pelas ruas de Taubaté viam nela uma religiosa, cansada, amante da caridade que precisava de uma bengala para se locomover porque tinha idade avançada. O "mais tarde" aconteceu. Tardiamente? Não! Os desígnios de Jesus não podem ser questionados. Nossa pequenez é limitada por nossa parte humana, saibamos neutralizá-la para vermos o infinito dentro dessa velhinha que andava a passos lentos pelas ruas de Taubaté.

UM LAR QUE CUIDA DAS CRIANÇAS

O Lar, idealizado pela Irmã Amália, era um local de acolhimento para crianças e suas mães, que precisavam de ajuda para o aleitamento dos filhos. Algumas delas tiveram de trabalhar como empregadas em casas de família para poderem ajudar no orçamento doméstico.

No começo era apenas um lactário, que contava com ajuda de pessoas benevolentes. Depois passou a funcionar informalmente, não tendo a documentação necessária para o funcionamento. Como o número de crianças foi crescendo, a casa foi ganhando anexos necessários e mais voluntários, *como dona Carmen e outras pessoas.*[254]

A luta era grande. Não era fácil para Irmã Amália concretizar o sonho de dar dignidade às famílias carentes de Taubaté. *As dificuldades foram muitas: a legalização da fundação, a construção da casa, as mobílias para atender as crianças foram conseguidas com muito esforço, muita dedicação e muito comprometimento com a caridade.*[255]

---

[254] Marilena Rabelo dos Santos, 14 de novembro de 2020, Taubaté, SP.
[255] Irmã Amália e a devoção a Nossa Senhora das Lágrimas, Editora Imaculada, p. 496.

Diariamente, havia superação para angariar recursos econômicos, alimentares, mão de obra especializada, registros documentais para a construção do lar. Embora tudo isso fizesse parte de uma luta humana, existiam as batalhas espirituais.

TENTAÇÕES

> *Meus algozes fizeram comigo o que o demônio está fazendo contigo, amarraram-me, insultaram-me, flagelaram-me, vestiram-me de louco e, por fim, me mataram! O mesmo te há de acontecer, filhinha, teu corpo será amarrado! E sabes quando isso acontece? Quando ficas inerte sem te poder mexer! Sabes quando serás flagelada? Quando o demônio pegar em tuas mãos para te flagelar! Sabes quando morrerás? Quando esgotada, sem forças, tiveres dado a vida pela causa que empreendestes!* [256]

O "Silêncio" ecoava em palavras de obediência a seu amado Jesus. Uma de suas amigas, Bernadette Villac Adde, sobrinha da madre Maria Villac (naquela época morava em Valinhos, no Lar São Joaquim), que visitava Irmã Amália em Taubaté, deixou registrado que ela *nunca questionou nada, nunca comentava o que tinha acontecido com ela.*[257] A humildade, muitas vezes, contempla outras questões que não são as de engrandecimento e valorização hierárquica. Como testemunhou a missionária de Jesus Crucificado, Irmã Maria de Lourdes Camargo, que, por algum tempo, conviveu com Irmã Amália em Taubaté: *Irmã Amália, sendo uma das 8 primeiras Fundadoras, viveu dentro da Congregação no silêncio e sem projeção.*[258]

---

[256] *Vida Íntima I*, 10-3-1930.

[257] Maria Bernadette Villac Adde, São Paulo, SP, 25 de novembro de 2020.

[258] FRANCO, M. Apparecida L. Pinheiro, *Serva de Deus* Irmã Amália, p.86.

Ofertar seu "Silêncio" a Jesus, como prova de fidelidade pelo casamento com a Santa Humildade, era um tapa de luva no rosto do demônio. Ele não a deixava em paz. Sempre que ela se via sozinha, ele a atacava, principalmente no quarto. Ao entrar na casa, à esquerda, uma porta dava acesso ao simples dormitório, com uma cama, uma escrivaninha, uma cadeira e um crucifixo na parede. Ali, manifestaram-se os êxtases, abriram-se seus estigmas, ela escreveu mensagens, cartas e, principalmente, tinha seus colóquios com Jesus e Maria, que jamais a deixaram. Para que fosse contido um pouco o inimigo e ela ter um bom descanso, sua amiga Therezinha, muitas vezes, fazia-lhe companhia à noite. Ainda assim, ele se manifestava, ao ponto de deixar marcas na porta. Segundo Maria Bernadette Villac Adde: *dona Therezinha que nos mostrava aquela porta toda arranhada e nos dizia que o demônio vinha à noite e arranhava a porta e maltratava muito ela* [Irmã Amália].[259]

Aquele silêncio imposto, cumprido ao longo dos anos, diariamente, eram tijolos que, dia a dia, construíam uma ponte em sua alma, uma ponte para o infinito que, uma vez, ela viu e ansiou estar nele. Na lembrança dos ensinamentos de Jesus, um deles, há mais de trinta anos, ressoava nesse infinito: *só dou licença ao demônio de vos atormentar quando tendes algum adiantamento espiritual.*[260]

---

[259] Ibidem.

[260] Irmã Amália de Jesus Flagelado. In: *Do Presídio de Amor*, 1935, p. 57 a 60.

Seu lugar preferido era a capela, diante do Santíssimo. Ali o Sagrado se fazia presente. Mesmo assim, algumas vezes o inimigo aparecia, tentava-a e a maltratava. Amália chegara ao alto grau de maturidade espiritual de ter Jesus junto dela nesse momento! Assim, cumpriu-se a elevação do amor. Na lembrança de que Jesus, mesmo sendo Filho de Deus, foi tentado várias vezes no deserto e no horto das Oliveiras, Amália aprendeu a vencer sua humanidade ao enfrentar o inimigo e, várias vezes, sem seu amado.

Algo mudou naquela época em Taubaté, pois, mesmo com o amado presente, na capela, o inimigo a atacava; muitas vezes ela foi arremessada longe, tamanho ódio. Jesus recebia ali mesmo essas dores pela expiação de muitas almas. Consta, em algumas cartas, que a irmã oferecia essas dores em expiação de almas futuras. Também está escrito que, para esses momentos de expiação, Amália juntava moedas no Paraíso, que seriam destinadas a quem pedisse ou a quem ela quisesse presentear com o perfeito amor, em forma de bênção. Cabe a nós agradecermos e tomarmos posse delas.

> *Dona Therezinha dissertava ainda que, muitas vezes, nestes êxtases, o demônio atacava violentamente Irmã Amália, que sofria quedas por empurrões, era atirada à parede e porta e que possuía marcas das agressões.*[261]

[261] Marilena Rabelo dos Santos, 14 de novembro de 2020, Taubaté, SP.

As almas amantes de Jesus, as que fizeram com Ele um casamento místico têm comportamentos que, muitas vezes, são difíceis de entender humanamente. A fé delas é inabalável, como um grito de amor para acordar a multidão de descrentes que, por não acreditarem, ferem o coração de Jesus. *Quando Irmã Amália dizia "Creio nele", sua voz era um grito de admiração, a explosão de todo o seu ser, uma vontade de submissão amorosa, a doação integral do próprio eu. Ela acreditava e amava.*[262]

[262] FRANCO, Maria Apparecida L. Pinheiro. *Serva de Deus, Irmã Amália*, p. 94.

MULHERES DE FIBRA

A humildade consiste em saber que é preciso pedir ajuda humana e contar com a providência divina na vida delas. Isso quer dizer, não pensar que você é a única pessoa capaz de efetuar uma tarefa caridosa. A caridade dividida... se multiplica. Revés da matemática, da lógica. Amália sabia disso e pediu ajuda para várias pessoas. Telefonava, enviava cartas, bilhetes, mensageiras. Algumas pessoas aceitaram o desafio, outras não. Conseguiu juntar um grupo de senhoras, benevolentes, mulheres que foram tecidas na fibra do Manto Azul de Maria e tinham a esperança e a confiança na providência divina.

Senhoras que se uniram na missão de ajudar a construir um lar para as crianças carentes, em Taubaté. Elas organizavam chás e almoços beneficentes nas casas de várias senhoras amigas, em clubes e onde mais pudessem. M. Bernadette Villac Adde participava desse grupo de senhoras. Ela relembra:

> *Em minha casa fizemos uns três bazares muito concorridos, e a Dinah Duarte do Valle trazia de Minas Gerais objetos e trabalhos lindos, era um sucesso quando víamos o resultado. O maior evento foi um jantar no Jockey Club, com bingo, onde conseguimos arrecadar bastante para a obra. Os contatos do desembargador Nelson Pinheiro Franco, marido de Maria Apparecida L. Pinheiro Franco, e também do desembargador Francisco Negrisollo, marido de Ode-*

te Leite Negrisollo, foram fundamentais para se conseguir vender convites e conseguir prêmios bons para os bingos. Cada um deu um pouco de si...[263]

Thereza Christina Negrisollo relata a memória dessa época:

> *Minha mãe fazia um bazar, todos os anos, com as senhoras que ajudavam a Irmã Amália. Várias delas trabalhavam todo ano e, quando chegava ao final do ano, era feito um bazar. Faziam coisas lindas, artesanato, pano de prato, havia uma senhora que fazia macarrão, enfeites de Natal. Tudo que você podia imaginar tinha. E todo o dinheiro arrecadado era revertido para a Irmã Amália; assim foi.*[264]

Essas mulheres trabalhavam com afinco e não gostavam de ser destaque no que faziam. Embora fossem esposas de desembargadores da justiça de São Paulo, *socialytes*, parentes da família Villac e outras simpatizantes à causa, algumas delas tendo o privilégio de ter um carro do Tribunal com motorista para irem a Taubaté, eram benfeitoras com muita modéstia. Ao conhecer Irmã Amália, viram nela o poder da humildade.

A amiga Bernadette Villac Adde

Maria Bernadette Villac Adde tem o DNA forte dos Villac, cuja religiosidade é pedra fundamental que alicerça toda a família. Madre Maria Villac, ou como é chamada carinhosamente por seus familiares: Nossa Madre,

---

[263] Maria Bernadette Villac Adde, São Paulo, 1 de janeiro de 2021.

[264] Thereza Christina Negrisollo, São Paulo, 29 de março de 2024.

era esteio de amor na vida de Bernadette, que sempre a visitava, mesmo morando no Lar São Joaquim.

Irmã Amália se tornou uma amiga pessoal da Bernadette, casada, com cinco filhos e, desde dessa época, mora em São Paulo. Pertencia ao grupo de mulheres que trabalhavam para angariar verba em prol da construção do Lar. Um dia, conforme narra Bernadette, Irmã Amália convidou o grupo de benfeitoras para conversar, cada uma, particularmente.

> *Cheguei, lembro-me bem, ela me disse: "Você é a Bernadette, não é? Sobrinha de nossa Madre..." e aquele olhar profundo me envolveu tanto que foi muita emoção! "Eu conheço seu sofrimento..." e ela foi falando, foi falando. Eu não tinha mencionado meus problemas, nada; ...e ela sabia de tudo.*[265]

Foi incrível porque, em vez de Bernadette falar de sua vida, foi Irmã Amália quem mencionou fatos que somente ela sabia. Também se colocou para ajudá-la, mostrou que se preocupava com sua saúde e, assim, a amizade delas cresceu. Conversavam pessoalmente e, quase que diariamente, por telefone. Irmã Amália falava, aconselhava, instruía.

> *Eu ligava muito para Taubaté, mas era porque ela me orientava, dava-me aquela luz e aquele conforto, até que um dia, na sexta gravidez, o útero não tinha mais condição, comecei a perder sangue, fiquei seis meses na cama, levantava um pouco e perdia placas de sangue.*[266]

---

265 Maria Bernadette Villac Adde, São Paulo, 1 de janeiro de 2021.

266 Ibidem.

Bernadette pediu ajuda para a amiga Amália que lhe aconselhou procurar ajuda médica, urgentemente! Foi sua salvação porque o diagnóstico médico foi que o útero estava todo despedaçado e com perigo de infecção. Dali mesmo, foi enviada para a sala de cirurgia e foi-lhe retirado o útero. E com isso ela conseguiu ficar mais forte, e sua salvação veio por intermédio da Irmã Amália. *Ela gostava muito de mim... pelas cartas eu sentia isso.*[267] Amália manteve, durante anos, correspondência com Bernadette. Aqui apresento três delas:

> *Sejam louvados Jesus e Maria, Bondosa e querida Dona Bernadete*
> *Deus lhe pague por tudo quanto a senhora tem feito pelos meus pobres ajudando-me a pedir o dinheiro para leite de 24 crianças que tomão* [tomam] *o leite. A* [há] *7 anos que faço isso e cada vez me sinto mais feliz por poder ajudar essas pobres criancinhas a viver.*
> *Deus lhe pague, querida e santa Bernadete! Não se ofenda com essa frase, porque quem trabalha para com os pobres é santo, no dizer do Santo Evangelho (tinha fome e me deste de comer...); esse entra no reino de meu Pai, que lhe está preparando desde toda a eternidade.*
> *Querida Amiga Bernadete, agradeça ao bondoso senhor seu marido. Deus o conserve por longos anos para sua alegria e de seus encantadores filhos. Abraçando com gratidão,*
>
> *Irmã Amália Aguirre.*

Embora a carta não esteja datada, era do tempo em que Irmã Amália morava em Taubaté. Eis outra carta:

> *Minha querida Bernadette. Venho agradecer-lhe o valioso donativo de 600 cruzeiros enviados pelo Dr. Fauze, seu digníssimo esposo. Deus Nosso Senhor dê a ele e a todos seus*

267 Ibidem.

queridos filhos muita saúde. A senhora não imagina quanto bem tem feito aos probrezinhos. Só Nosso Senhor lhe poderá pagar tanta bondade!
Querida Bernadete, reze muito por todas as Missionárias! Á [há] *um conflito muito grande entre todas, o imundo se meteu no meio... enfim, espero em Deus que tudo se resolva com a Santa e Divina Graça! Abraçando-a com afeto, peço-lhe dizer ao seu digníssimo esposo que muito pedirei a Deus que lhe* [dê] *muita saúde.*
Em Nosso Senhor, sua pobre e humilde serva amiga, Irmã Amália Aguirre.

M de JC.

Amália mencionou nessa carta o pedido de orações para que a paz retornasse ao *Instituto Missionárias de Jesus Crucificado*. Chegou mesmo a confiar a sua amiga Bernadette que o "imundo" criou divisões entre as missionárias. Imundo sempre foi a maneira com que Irmã Amália chamava o demônio. Ela tinha esperança de que Deus resolvesse todo esse impasse.

Na terceira carta, datada de 1975, Irmã Amália, mesmo debilitada fisicamente, tinha esperança de participar do chá beneficente para arrecadação de verbas em prol do Lar.

Sejam louvados Jesus e Maria
Bondosa e querida Bernadete, venho comovida agradecer-lhe tudo quanto a senhora tem feito pelos nossos pobres. Tenho rezado muito pela senhora e seu querido esposo e filhos, e também por sua preciosa saúde.
Nosso Senhor lhe pague e também a essas famílias que nos ajudão [ajudam] *a minorar a missséria* [miséria] *de tantos que sofrem neste mundo. Estou com esperanças de ir ao chá que vão fazer. Espero em Deus poder agradecer pessoalmente a todas a caridade com que tém* [tem] *atendido os apelos de Nosso Senhor, pois é Elle* [Ele] *que diz no Santo Evangelio: "tive fome, e deste-me de comer, tive sede e deste-me de beber, tive frio e me vestiste..." Enfim a*

Senhora sabe bem o quanto agrada a Nosso Senhor ajudar os pobres!
Minha querida Bernadete, Deus Nosso Senhor lhe pague! Diga a essas Senhoras que todos os meses é celebrada uma Santa Missa nas intenções de todas que ausilião [auxiliam].
Abraçando-a com muita gratidão, eu pobre e humilde serva, Irmã Amália Aguirre.
M de JC. Taubaté, 7-8-1975.

Bernadette teve momentos de pura amizade com a Irmã Amália. Devota de Maria Santíssima, em sua casa está entronizada a imagem de Nossa Senhora das Lágrimas, onde faz a oração da coroa, diariamente. Mulher íntegra, que foi moldada na fé por meio do vínculo de amor de sua família, tanto a Villac quanto a Marinho, que sempre tiveram a força dos que conhecem o verdadeiro amor.

Na certeza de ser amada, Bernadette tinha duas maravilhosas amigas que eram conselheiras: Irmã Amália e madre Maria Villac. "Nossa Madre", como diz Bernadette, com muito carinho, continuava na chácara, Lar São Joaquim, em Valinhos, onde era visitada, sempre, pelas zelosas missionárias suas amigas e por seus familiares. Certa época de muito sofrimento para Bernadette Villac, porque havia passado por um aborto espontâneo, abrigou-se nos braços de sua amada tia, madre Maria Villac, resolvendo passar alguns dias com ela na chácara. Porém, logo que chegou, Bernadette começou a perder sangue:

(...) chegando lá, à noite, eu tive hemorragia, uma coisa terrível. E a "nossa madre" ficou a meu lado o tempo todo, se-

> *gurando minha mão e rezando. No dia seguinte voltei para o hospital. Mas, se não fosse ela ali e Irmã Amália rezando para acabar aquele sofrimento, eu não aguentaria. Eu escapei muitas vezes da morte.*[268]

Por meio do telefone da chácara, Irmã Amália foi avisada a respeito da hemorragia da Bernadette e começou a orar. Era preciso atendimento médico. As orações foram o que a mantiveram viva, até que chegasse o socorro médico.

A Boa Madre, como dizia Irmã Amália, cuidava das missionárias, de diversos religiosos, de pessoas carentes ou não e de sua família. *Muitas outras socorreu-me em apuros, com seus sábios conselhos ou de outras maneiras, sendo sempre chamada por eles, carinhosamente, de "Tia Madre".*[269]

---

[268] Ibidem.

[269] Família de Paulo José Villac e Maria Clarice Marinho Villac; escrito por irmã Sylvia Villac, MJC; 2005, p. 34.

ATENDIMENTO MÉDICO

O Silêncio continuava mais e mais, minha dor aumentava.[270]

Em seu "Silêncio", a esposa de Jesus sofria calada. Seu corpo já não era daquela jovem estigmatizada. Externamente ela apresentava dificuldades para andar e para respirar, internamente tinha lesões que nem a ciência conseguia explicar. Os estigmas apareciam de vez em quando em seu corpo debilitado, frágil.

Muitas vezes foi preciso correr com ela para o hospital, medicá-la. Parecia que era o fim, que chegara sua hora de partir. Dona Therezinha acompanhava a amiga Amália em casa, muitas vezes na rua, o que já estava raro, porque ela precisava ficar mais sentada. Nas internações hospitalares, no Hospital Santa Isabel, ficava ciente dos resultados dos exames. *Irmã Amália falava ainda que havia radiografias que atestavam os estigmas, só que internamente.*[271]

No ano de 1974, o médico cardiologista Milton Gauch, professor na Faculdade de Medicina, no departamento de clínica médica de cardiologia e também de terapia intensiva, atendeu Irmã Amália. Ela estava passando mal. Ele foi até sua casa.

---

[270] *Vida Íntima I*, 11-2-1930.

[271] FRANCO, M. Apparecida L. Pinheiro. *Serva de Deus, Irmã Amália*, p. 39.

> *Ela estava com o quadro de insuficiência cardíaca, com arritmia, o coração bem acelerado, falta de ar, inchaço nas pernas (edema de membros inferiores). Eu levei o aparelho de eletrocardiograma, fiz o exame, o resultado não tinha imagem de que ela estava tendo um infarto naquele momento, mas sim uma descompensação, provavelmente dos infartos anteriores.*[272]

Dr. Gauch, para melhorar o quadro de dispneia e inchaço nas pernas, aplicou uma medicação injetável, o *Cedilanide*, que aumentou a força e a velocidade da contração do músculo cardíaco e a *Furosemida*, que tem ação diurética. Voltou no outro dia para reavaliá-la, inclusive, para ver qual seria a medicação de manutenção.

No ano de 1974, fazia 46 anos que os estigmas começaram suas manifestações externas, abriu-se um corte profundo do lado do peito, furos de 2cm nas mãos e nos pés, machucados nos joelhos, um corte na coxa, vários pontos de corte na testa e em volta da cabeça. Eles se abriram e fecharam centenas de vezes. Houve época de ficarem nove meses abertos. Quando se fechavam totalmente, não apresentavam cicatrizes. Algo impossível para a ciência humana, pois deveria ficar uma marca, por pequena que fosse, uma cicatriz, um queloide. Doutor Gauch nunca viu os estigmas da Irmã Amália abertos, durante os exames e as avaliações médicas.

> *Quando estive com Irmã Amália, nada vi de sangramento. Eu era inclusive na época professor de Semiologia, ensinava aos alunos que, quando o doente chegasse ao hospital, era preciso colher o histórico desse paciente e fazer um exame geral, desde a pele, unha; enfim examinava atenta-*

---

[272] Doutor Milton Gauch, 2 de dezembro de 2020, Taubaté, SP.

mente, para ver a oxigenação. Se algo diferente tivesse na Irmã Amália, chamar-me-ia atenção; se tivesse alguma ferida aberta, certamente na palma das mãos ou nos dorsos, fatalmente sangraria, sujaria de sangue a roupa, ficaria com alguma bandagem. Uma ferida aberta tende a infeccionar, é uma fonte de penetração de bactérias. Eu honestamente sempre examinei bem meus pacientes, não notei nada de diferente na Irmã Amália que pudesse pensar em marcas, nem mesmo algumas cicatrizes.[273]

Em 1928, dom Francisco de Campos Barreto escreveu ao papa Pio XI a respeito dos estigmas da missionária Amália Aguirre; informou que eles abriam e fechavam de repente, sem deixar vestígios, nem mesmo cicatrizes. Porém, quando em processo de fechamento, ficavam cicatrizes nas mãos e nos pés, do lado do coração e principalmente da flagelação. Nessa época em que Ir. Amália residia em Taubaté, amigas da congregação e particulares viram cicatrizes no corpo dela.

Na questão de lucidez, na análise psicológica, doutor Gauch comentou que, sempre que ia examinar a paciente Amália Aguirre, *ela estava lúcida, era uma pessoa de muito tranquilidade, muita paz! Mesmo nesse momento de sofrimento físico, transmitia assim uma tranquilidade muito grande.*[274] Amália não era histérica, não se cortava, não mostrava tendência psicopata... Amália era a representação do Amor, da Caridade, da Mansidão.

---

273 Ibidem.

274 Ibidem.

No dia 18 de março de 1976, Irmã Amália sentiu-se mal, com uma grande dor abdominal. Foi internada no Hospital Santa Isabel, da *Faculdade de Medicina*, da "Irmandade de Misericórdia de Taubaté" para fazer exames, receber diagnóstico e passar por medicação. No dia 20, ainda estava em observação no leito hospitalar n. 689, sob recuperação. Em seu prontuário constou: *Paciente com IAM, mantendo ritmo sinusal pelo monitor; controle, medicação Isordil*[275], com pedido de exame de eletrocardiograma "Urgente".

No dia 21, foram pedidos os exames de Precordialgia e de Miocardioesclerose que foram feitos por meio do *Serviço Radiológico*, RX do Tórax. Ela teve de fazer esses exames sentada, por causa de saúde precária. E, no dia 22 de março, às 9h30, para esclarecer se a dor poderia ser do aparelho gástrico, foram feitos exames radiológicos da região gastroduodenal. No pedido médico, encaminhado para o *Serviço Radiológico*, consta que era preciso esclarecer a dor abdominal, saber se era uma possível angina abdominal.[276]

No resultado do exame radiológico, assinado pelo doutor José Carlos Silva, constou:

> *Transparência pulmonar satisfatória, aumento da área cardioaórtica. No exame de Eletrocardiograma ficou concluído:*

---

[275] Documento: *Requisição de Eletrocardiograma*, Irmandade de Misericórdia de Taubaté, Hospital Santa Isabel. Taubaté, SP.

[276] Documento: *Serviço Radiológico*, Irmandade de Misericórdia de Taubaté, Hospital Santa Isabel, de 22 de março de 1976. Taubaté, SP.

– Bloqueio átrio ventricular de 1º grau.
– Infarto do miocárdio ântero-septal antigo com aneurisma.
– Alterações difusas da repolarização ventricular.
– Sobrecarga ventricular esquerda.[277]

Incrível que, depois de 46 anos, as marcas da transverberação na Irmã Amália apareceram por meio dos exames. Era um verdadeiro milagre ela ter sobrevivido às insuficiências cardíacas, aos infartos, por causa dessas marcas. Havia o agravante de um aneurisma cardíaco, uma grande complicação para os infartados; em seu caso sobrecarregou o ventrículo esquerdo.

Essa minha entrevista com o doutor Milton Gauch aconteceu no escritório dele, em Taubaté. Eu lhe perguntei o que era um aneurisma cardíaco. Então o excelentíssimo doutor pegou, em sua estante, uma réplica do coração humano, em tamanho maior que o natural, feito em resina, e foi me mostrando as partes que foram danificadas no coração da Irmã Amália. Explicou-me que uma parte de seu coração, a que sofreu o infarto, ficou inativa, sem força contrátil. Então, essa parte morta foi substituída por um tecido de cicatrização, fibroso, sem capacidade de contração e de bombeamento do sangue. Por essa região ter de ficar parada, as outras partes restantes tiveram de fazer o trabalho de bombeamento do sangue. Por causa da extensão do infarto, desenvolveu uma fina parede e formou uma dilatação, denominada aneurisma.

277 Documento: *Requisição de Eletrocardiograma*, Irmandade de Misericórdia de Taubaté, Hospital Santa Isabel. Taubaté, SP.

Por isso houve uma perda de contração do músculo do coração, ele já não bombeia com tanta eficiência, e, com isso, o sangue que vem dos pulmões começa a ficar estagnado nos pulmões, começa a encharcar os pulmões, a transudar, ficando líquidos nos alvéolos pulmonares, diminuindo a capacidade de absorção de oxigênio; daí a falta de ar.[278]

Por essa razão, Irmã Amália passava mais tempo em uma cadeira, pois sentada o líquido se acumulava nas partes mais baixas dos pulmões, permitindo que uma parte do pulmão trabalhasse; se ficasse deitada, o líquido se espalharia para uma área maior do pulmão, ocasionando grande falta de ar.

A formação de um aneurisma tem efeitos drásticos; não apenas sobre a zona infartada, mas também sobre o músculo viável. O diâmetro aumentado da cavidade ventricular leva ao aumento da tensão sobre a parede ventricular. Essa tensão aumentada deprime a função contrátil dos segmentos não aneurismáticos do ventrículo. Esse fenômeno, combinado com a perda de volume que se torna necessária para expandir a área aneurismática discinética, pode levar à insuficiência cardíaca, causando mais dilatação ventricular e a cicatriz dentro do aneurisma do ventrículo esquerdo; é um foco de arritmias ventriculares que podem levar à morte súbita cardíaca. A indicação para o tratamento dessa sequela cardíaca é a cirurgia.[279]

As pernas da Irmã Amália ficaram inchadas, por causa da má circulação. O seu corpo mostrava sinais de exaustão.

---

[278] Doutor Milton Gauch, 2 de dezembro de 2020, Taubaté, SP.

[279] Matéria de Erik Vieira: *Aneurisma do ventrículo esquerdo e diagnóstico diferencial com pseudo-aneurisma*. In blog: *Brazilian Journal of Cardiovascular Surgery*; acesso em 20 de dezembro de 2020.

DESEJO DE IR PARA O PARAÍSO

Quando chegará o navio que me há de conduzir à terra de promissão? Sua filha que definha na dor da saudade.[280]

A partir dessa época, março de 1976, por causa de mais um infarto, Irmã Amália ficou mais debilitada. Algumas vezes, no passado distante, ela pedia para Jesus a levar para o Paraíso, por causa das investidas do inimigo infernal, especialmente pelos ataques espirituais dele, que a faziam pensar que lhe pertenciam os pecados daqueles pelos quais ela expiava. O inimigo fazia isso para impedi-la de confessar tais pecados, pois o pecador tinha sua alma lavada pelo Sangue Redentor, depois de confessados seus pecados a um sacerdote e recebido dele o perdão, uma mostra do poder que um sacerdote tem para livrar as pessoas de seus pecados, devidamente confessados. Irmã Amália precisava confessar esses pecados senão de nada adiantariam os sofrimentos. O inimigo infernal sabia disso e tentava de todas as maneiras impedi-la de se confessar. Amália sofria muito, pensava que os pecados eram seus e, algumas vezes, demorava dias para essa confissão. Ao sofrer, pedia para Jesus a levar embora, pois não queria mais viver no exílio. Mas, a partir de seu casamento com

[280] *Vida Íntima I*, 3-7-1930.

a Santa Humildade, que requereu para ela aguentar a expiação por meio do silêncio, essa questão de querer ir embora passou, mesmo nos momentos de maiores tormentos, quando pedia para morrer. Ela jamais viajou no tempo de seu Infinito Esposo para sondar quando iria mesmo falecer. Esperava que essa informação viesse de seu amado. E veio. Precisava, então, pedir a visita de seus amigos benfeitores.

AS VISITAS

> *Ó meu Deus, apiedai-vos de mim que sou pobre e, então, o abismo de minhas misérias há de atuar-se sobre mim, o abismo de vossa misericórdia!* [281]

Logo depois dessa internação hospitalar em março de 1976, Irmã Amália começou a pedir para seus amigos benfeitores do Lar a visitarem para uma conversa. Era urgente. Um mês depois, atenderam a seu pedido o doutor Francisco Negrisollo (desembargador), sua esposa, senhora Odette Leite Negrisollo, e sua filha, Thereza Christina Negrisollo, ao voltarem de Caxambu, onde passaram a Semana Santa (de 11 a 18 de abril).

> *Entramos na casinha dela. Na sala tinha um sofá bege, era claro; a Irmã Amália sentou-se na ponta esquerda do sofá e eu me sentei no meio do sofá, próximo à Irmã Amália; ela ficou de mãos dadas comigo um bom tempo.*[282]

Muito próxima e em frente à Irmã Amália, sentou-se a senhora Odette, e o desembargador acomodou-se em uma poltrona do lado direito do sofá. Irmã Amália contou-lhes que Jesus havia lhe dito que sua hora de partir para o Paraíso estava próxima; por isso resolveu convidar os amigos para uma conversa, porque preci-

---

[281] *Vida Íntima I*, 20-8-1930.

[282] Thereza Christina Negrisollo, 29 de março de 2024.

sava pedir a cada um deles ajuda, a fim de concretizar o Lar. Ela lhes disse: *Ele está me chamando!* O desembargador prometeu: *Está bom, eu vou ajudar a não perecer sua obra, mas a senhora vai ser minha advogada lá no Céu, quando eu morrer.*[283]

Continuaram conversando, até que a senhora Odette, que tinha a carinhosa mania de tocar em quem estivesse perto dela, colocou sua mão no joelho da Irmã Amália. No mesmo instante, ela deu um "suspiro", sinal de um gemido de dor. Então, a senhora Odette retirou rapidamente sua mão e lhe disse:

> *"Ai... Irmã Amália, o que foi, o que aconteceu?" A Irmã Amália disse: "Não, dona Odette, não foi nada!" E, com as mãos dela, Irmã Amália levantou devagar o hábito até os joelhos. "Ela estava com uma meia até os joelhos, e nos joelhos dela estavam duas chagas ..., porque tinha acabado praticamente de passar pela Semana Santa. E minha mãe disse: "Ai... Irmã Amália, eu não sabia, desculpe-me". Ela falou: "Não, dona Odette, a senhora não precisa me pedir desculpas, não é nada, já passou".*[284]

O silêncio tomou conta... Doutor Francisco, a senhora Odette e a jovem Thereza Christina Negrisollo viram os ferimentos, os estigmas, nos joelhos da Irmã Amália, e isso para sempre marcou a memória da jovem Thereza. Irmã Amália abaixou o hábito, escondendo os estigmas.

Até que o silêncio foi quebrado, e continuaram a conversar. De repente, Irmã Amália falou:

---

[283] Thereza Christina Negrisollo, 29 de março de 2024.

[284] Ibidem.

"Dona Odette, eu estou vendo Nossa Senhora a seu lado!" A senhora Odette ficou muito tocada. Irmã Amália completou: "É sim, dona Odete, e quando a senhora morrer, Nossa Senhora vai vir buscar a senhora".[285]

Pronto, quando Irmã Amália disse isso, a jovem Thereza Christina começou a chorar. Seu coração parecia que iria explodir, porque a dor era grande. Por ser filha única desse casal, tinha muito medo de perder seu pai e sua mãe. Por isso chorava de soluçar e alto. Então, Irmã Amália voltou a segurar sua mão e ficou bastante tempo de mão dada com ela, em uma atitude de carinho. Ainda assim, Thereza continuou chorando.

O desembargador disse para sua filha: Ó *Thereza, pare com isso, você está incomodando. Né?* Ao ouvir isso, Irmã Amália olhou para ele e falou: *Não fala assim com ela, porque ela ainda vai sofrer muito!* [286]

Ó dor... que dilacerou o coração de Thereza, porque ela havia entendido que a Irmã Amália se referia à morte de sua mãe e que iria ficar órfã. Passaram-se muitos anos para a jovem compreender que seus sofrimentos seriam maiores, que passaria por etapas dificílimas em sua vida, tanto de ordem física quanto monetária. Nos problemas, em que muitos sucumbiriam, ela os aguentou firme, lutou, sofreu, venceu alguns e está vencendo outros, certa de que haverá a vitória, porque tem fé! Espiritualmente recorre a Nossa Senhora das Lágrimas

---

[285] Ibidem.

[286] Ibidem.

e à intercessão de sua amiga Irmã Amália, que nunca perdeu a fé em Jesus Cristo.

> *Essa vez que fomos visitá-la em 1976, tinha acabado de passar pela Semana Santa. Eram perfeitamente visíveis as cicatrizes nas mãos dela. Você via a cruzinha lá, eu vi inúmeras vezes, fechada; mas eu vi, eu peguei na mão dela, ela pegava em minha mão, e eu vi tudo isso; e as dos joelhos eu vi que abriram, porque ela mostrou e foi logo depois da Semana Santa; e eu vi isso, era uma chaga, as dos joelhos da Irmã Amália, a isso eu assisti.*[287]

Sim, Irmã Amália viu Nossa Senhora até o fim dos seus dias e, também, tinha as manifestações externas dos estigmas da flagelação.

---

[287] Ibidem.

NO PARAÍSO

Ó minha alma, canta as misericórdias do bom Deus.[288]

No fim da manhã de 18 de abril de 1977, dia de santo Apolônio, chamado de apologeta, que significa aquele que defende sua fé, Irmã Amália orava sentada na cadeira de ferro, forrada com cordas de plástico verde. A seu lado, duas grandes amigas: Therezinha Peixoto, companheira e colaboradora nas obras de caridade, e irmã Euraides, enfermeira. De repente, Amália teve uma súbita falta de ar e, às 11h30, seu coração... parou; seu amado Jesus foi buscá-la, junto com Maria Mãe Lacrimosa, para que sua amada esposa ficasse eternamente no Reino da Misericórdia. Irmã Amália, docemente, encostou a cabeça, sem gemido... partiu. Só foi possível entender que ela falecera, porque sua cabeça reclinou suavemente; seu semblante continuava o mesmo, uma mostra de doçura, de tranquilidade. *Não enregelou e seus músculos não adquiriram a rigidez cadavérica.*[289]

---

288 *Vida Íntima I*, 20-8-1930.

289 FRANCO, M. Apparecida L. Pinheiro. *Serva de Deus, Irmã Amália*, p. 41.

Quem atestou o falecimento dela foi o cardiologista Milton Gauch, o mesmo que outras vezes esteve ali, naquela casa atendendo a missionária.

> *Quando me chamaram, ela já havia falecido. Não notei nada de diferente que me chamasse atenção, tipo sangramento, em relação aos estigmas, não observei nada de cicatriz, nada, nada... se tivesse, sem dúvidas, chamar-me-ia atenção; se houvesse cicatriz, perceberia.*[290]

No *Registro de Óbito*, constou declarante Angelo Abrahão Assis, e o atestado de óbito foi assinado pelo doutor Milton Gauch; a causa morte foi infarto do miocárdio.

O adeus dos amigos

Na Capela da Casa de Nossa Senhora Aparecida, lugar onde tantas vezes Amália Aguirre Queija participou de missas, esteve em oração, especialmente para rezar a Coroa das Lágrimas, onde pediu pelos pobres, órfãos, doentes, pelas viúvas, pelos pecadores, foram celebradas duas missas de corpo presente da Irmã Amália: uma pelo superior dos padres da Congregação do Sagrado Coração de Jesus, padre Murilo; e a outra pelo padre João Rezende. Na terça-feira, dom Francisco Borja Amaral celebrou as exéquias, e foi entoado o *De Profundis*. A tristeza era eminente nos semblantes das missionárias, dos padres, dos religiosos, dos amigos e dos conhecidos.

---

[290] Doutor Milton Gauch, 2 de dezembro de 2020, Taubaté, SP.

Todos sentiram... havia no ar um perfume de violeta, que foi pisada, estraçalhada e que humildemente aguentou tudo, guardando o perfume para a hora final, quando já estaria fora do Exílio, da terra onde foi pisada... estaria no Paraíso.

Naquela capela, seu corpo ficou exposto para que os que a conheciam lhe fizessem as últimas homenagens e se despedissem. Foram vê-la suas queridas companheiras missionárias de Jesus Crucificado, seus amigos colaboradores das obras de caridade, os pobres a quem ela dedicara anos de sua jornada. Ali, naquela cidade, em que ficou no anonimato, cercada pelo silêncio imposto, repleta do amor do Esposo... naquele momento, era plena de Luz.

> *(...) velório da Irmã Amália foi lá no Pensionato. Estávamos lá, foram todas as amigas de minha mãe, todas as pessoas; tinha bastante gente. (...) Ficamos lá no velório, muita missa, muita gente.*[291]

O silêncio de sua vida mística deu lugar à manifestação de seu carisma de caridade. Resgatou a menina Amália de Riós no corpo de uma mulher cansada e sofrida. Talvez, no Paraíso, esteja essa menina, a que quis tocar Jesus Crucificado quando Ele a visitou em seu quarto aos 10 anos de idade, e Ele não deixou, por não ter chegado a hora... somente "mais tarde". O mais tarde se deu a cada dia em que Jesus interna ou externamente se fazia presente em Amália. No fim ela

[291] Thereza Christina Negrisollo, 29 de março de 2024.

pôde dizer: "já não sou eu quem vivo... é Jesus quem vive em mim". No Paraíso está a menina de Riós que vivia dentro do coração de Maria, que a guardava ali até que pudesse buscá-la no Exílio. Ela a buscou. Agora, a menina Amália distribui as moedas que resgatou para quem pede graças por meio de Jesus Crucificado e das santas Lágrimas de Maria.

Naquela capela, durante a missa de corpo presente, as pessoas não viam no caixão a "famosa irmã estigmatizada", mas sim a "famosa irmã dos pobres", a menina de Riós, presente em Amália, que fez juras de amor ao se casar com a Santa Humildade.

> *Essa Humildade, auxiliada pela Fé, é o ponto de partida da floração das virtudes do Silêncio, do recolhimento, da confiança, da generosidade, da paciência, da mortificação e de tantas e tantas outras virtudes, que perfazem o grande patrimônio espiritual; com que na grande hora, ela, a alma, recebe da Justiça Eterna o franco ingresso nas fileiras das Legiões Bem-aventuradas.*[292]

Os que conheciam Irmã Amália do tempo em que morava em Campinas e os que só a conheceram na cidade de Taubaté a queriam tocar pela última vez. Para isso levaram terços e medalhas para encostá-los em sua veste; alguns tiraram do caixão algumas pétalas de flores, ansiando por guardar uma lembrança da missionária Amália Aguirre Queija.

Atendendo a seu pedido, foi sepultada no cemitério da *Venerável Ordem Terceira de São Francisco*, na

---

[292] Irmã Amália de Jesus Flagelado. In: *Do Presídio de Amor*, 1935, p. 8.

campa das Missionárias de Jesus Crucificado, lugar onde os devotos sempre vão para orar a Coroa das Lágrimas e pedir que ela interceda, junto a seu amado Esposo Jesus, pelas graças de que precisam.

> *O caixão foi sendo empurrado naquela, tipo maca, com rodinhas, pelas ruas de Taubaté, até o cemitério. Lá no cemitério reabriram o caixão da Irmã Amália. Quem foi acompanhando passava a mão na Irmã Amália, encostava nela. Eu fui a penúltima pessoa. Depois fecharam o caixão, e ela foi enterrada.*[293]

No dia de seu falecimento, madre Maria Villac, mesmo antes de saber o ocorrido, disse à madre Verônica, secretária-geral do instituto: "Aconteceu hoje uma grande perda". Importante salientar que madre Villac, depois da proibição da Santa Sé, manteve silêncio a respeito das manifestações da Irmã Amália Aguirre, até mesmo para seus familiares. Não podemos esquecer que Irmã Amália, em carta, disse que avisaria de véspera madre Maria Villac o dia de sua morte.

[293] Thereza Christina Negrisollo, 29 de março de 2024.

LAR IRMÃ AMÁLIA SOB PATROCÍNIO DE SÃO JOSÉ

Em junho de 1976, Irmã Amália escreveu uma carta que era para ser lida depois da morte dela. Nessa carta, ela pedia que seus amigos continuassem a colaborar para que fosse finalizada a obra beneficente que ela idealizou.

O grupo de senhoras que trabalharam sob sua direção, resolveu continuar a empreitada. A diretoria ficou eleita:

> *Presidente: dona Maria Apparecida Lemos Pinheiro Franco. 1ª vice-presidente: dona Maria Helena Calmon. 2ª vice-presidente: dona Clarisse Parisoto de André. 1ª secretária: dona Maria Antonieta Cunha Correia. 2ª secretária: dona Maria Bernadette Villac Adde. 1ª tesoureira: dona Therezinha Peixoto. 2ª tesoureira: dona Cacilda Pereira Maraccini. Conselho consultivo: dona Noemia Lara Vidigal, dona Maria Eulália Monteiro Guizar, dona Romilda Aparecida Tavares, dona Maria Dinamérica Celidonio. Conselho fiscal: dona Maria de Lourdes Lemos Porto Alves, dona Norma Apparecida Gonçalves de Rocha, dona Sara Adde Aiede, dona Odete Leite Negrisollo, dona Maria Tereza Sampaio Barros e dona Áurea Silveira de Oliveira.*

Para que o Lar fosse finalizado, foram necessários muita união e muito trabalho. Não mediram esforços. E, finalmente, no dia 18 de junho de 1981, aconteceu a inauguração da casa que ficou denominada: *LAR IRMÃ AMÁLIA SOB PATROCÍNIO DE SÃO JOSÉ*. O Lar recebeu a bênção do bispo de Taubaté, dom Francisco Borja Amaral; também houve missa campal. Estiveram presentes: as mulheres filantrópicas das cidades de Taubaté e São Paulo e suas respectivas famílias; as missionárias do *Instituto de Jesus Crucificado*; oficiais do Exército Brasileiro; o prefeito e o juiz da comarca de Taubaté; o presidente da *Câmara Municipal de Taubaté* e vereadores.

Na placa inaugural consta:

> *Com a proteção de Deus, intercessão de Irmã Amália, fé, solidariedade e dedicação de amigos, nossa homenagem e agradecimento a todos, através destas que as representam: Cacilda P. Maraccini – presidente do Lar Amália e diretoria em exercício. Dr. José B. Ortiz – prefeito Municipal e Jandyra E. de S. Ortiz – 1ª Dama de Taubaté. Alexandre Danelli e família. Dr. Antonio Celso P. Franco e família. Dr. Rui Stoco e família.*
>
> *Maria de Lourdes Porto Alves e família. Odete L. Negrisollo e família. Odil e Dulce Danelli. Orvil e Ana Maria Peixoto Costa. Sarah de Campos Vieira Santos e doadores de Tatuí. Dinah Duarte V, do Valle e família. Bernadette Villac Adde e família. Marcelo e Maria Cecília N.S. Cabral. Maria Evangelina de C. Amaro. Presidente da Pia União de Santo Antonio e diretoria. Banco J. P. Morgan.*
>
> *Meirimar Barbosa e família. Meirimar Barbosa Júnior e família. Willian Estefano e família. Senhoras voluntárias das cidades de São Paulo e Taubaté.*

A ESCADA

O dicastério da Causa dos Santos é categórico no ponto de que uma canonização é somente após a morte, por motivos diversos, que temos de respeitá-los.

Alguns estigmatizados foram proclamados santos em vida pelo júri popular dos que, de alguma maneira, conseguiram bens espirituais e temporais. É o caso de padre Pio, de Gemma Galgani, que chegaram à canonização pela Santa Sé, depois de suas mortes. Porém, até hoje, as contemporâneas Thérèse Newmann e Amália de Jesus Flagelado não foram nem mesmo beatificadas. Hoje, no Paraíso, estão Amália de Jesus Flagelado, Francisco de Campos Barreto, Maria Villac do Calvário como intercessores dos que pedem ajuda para eles.

Dom Barreto havia escrito em *Circular* n. 36, em novembro de 1928, que para canonização de Amália Aguirre seriam precisas avaliações científicas. Também explicou:

> *E continuaremos nesse propósito, justamente por se tratar de um fato extraordinário que, somente depois de, com calma, bem estudado à luz da ciência e de acordo com as normas aprovadas pela S. Igreja Romana, terá seu veredito no futuro, quando após sua morte, a Irmã Amália, se for vontade de Deus, fizer milagres como os outros fizeram.*[294]

[294] Dom Francisco de Campos Barreto, Circular n. 36. In: *Actos do Governo da Diocese de Campinas*, Campinas, SP, p. 143

São muitas as graças obtidas por meio da oração da Coroa de Nossa Senhora das Lágrimas e da intercessão da Irmã Amália Aguirre Queija junto a seu amado Jesus e sua Mãe Santíssima, agora que Amália está no Palácio Eterno. Fiz uma catalogação de mais de 300 graças que estão registradas no livro, escrito por Maria Apparecida L. Pinheiro Franco, no livro de registro do Instituto, na revista *A Missionária,* em vários periódicos nacionais e internacionais e no e-mail, whatsApp ou nas redes sociais. Para essas pessoas que abriram seu coração para a ação benéfica da fé em Jesus, por meio de pedidos feitos à Irmã Amália, ela introduziu a *Escada de Maria*. Amália ainda não pode ser chamada de Bem-Aventurada (beata) ou de Santa (canonização), pois somente o dicastério da Causa dos Santos poderá assim determinar. Devemos orar por essa causa.

> *Quando no céu estiver, Maria, hei de voltar; sim, hei de voltar à terra e aos corações empedernidos, e lhes hei de segredar: Vinde a Maria, vinde a Maria, que ela é a escada que conduz a Jesus!* [295]

---

[295] *Glórias e Poder de Nossa Senhora das Lágrimas*, 1934, p. 13.

A DEVOÇÃO A NOSSA SENHORA DAS LÁGRIMAS

Jesus Crucificado, quando se achava no alto da Cruz, é verdade que estava sozinho, sofrendo os maiores tormentos; mas estava só... e não estava. Tinha sua santa Mãe a seu lado, mesmo que Ela se conservasse silenciosa.[296]

A devoção às Lágrimas de Maria é uma arma que podemos usar contra o inimigo. Ela é uma espada que pode neutralizar a ação maléfica. Devemos usá-la com amor, jamais com ódio, vingança. Ao rezar a coroa, é preciso pedir antes que Maria neutralize nosso coração de toda mágoa, assim, Ela mostrará quais são os lugares de nossa alma que precisamos de restauração, de perdão, de mais amor, de carinho e de fé.

Existe uma profecia de Jesus que devemos levar a sério para os que se levantaram ou se levantam contra a devoção a Nossa Senhora das Lágrimas:

E aqueles que se levantarem contra ela, contra si mesmos se levantam, porque a ninguém foi permitido reprimir a Vontade Divina! O homem é fraco e, em sua cegueira, poderá querer destronar a obra divina, porém, em sua nulidade, reconhecerá esta Vontade Divina, jamais aniquilada pelas criaturas!
As Lágrimas de minha Mãe são, portanto, o facho nobre que iluminará os caminhos de nossa geração e de todas as almas, que a nós se quiserem associar.

---

296 *Vida Íntima I*, 4-2-1930.

Que façam com tanto amor tenho pedido a esta geração. O apóstolo das Lágrimas de Maria chegará a mercê de ser do número dos mansos, porque quem falar destas Lágrimas ficará coberto com o manto de Maria e, portanto, apto para ser do número destes nobres! Ó nobreza infinita a daqueles que fizerem parte da geração mansa, pois brilharão como o sol diante de mim! [297]

Faça parte dessa geração e pertença ao número dos que são devotos de Nossa Senhora das Lágrimas. Ore, todos os dias, pelo menos uma setena da Coroa das Lágrimas, pela abertura do processo de beatificação da Irmã Amália Aguirre Queija, que foi enviado para o dicastério da Causa dos Santos, no Vaticano. Oremos!

Coroa de Nossa Senhora das Lágrimas

Oração inicial: *Eis-nos aqui a vossos pés, ó dulcíssimo Jesus Crucificado, para vos oferecer as Lágrimas d'Aquela que, com tanto amor, vos acompanhou no caminho doloroso do Calvário. Fazei, ó bom Mestre, que saibamos aproveitar da lição que elas nos dão, para que, na Terra, realizando vossa santíssima vontade, possamos, um dia no céu, louvar-vos por toda a eternidade.*

Nas contas brancas (que separam os grupos de sete):

Vede, meu Jesus, são as Lágrimas d'Aquela que mais vos amou na Terra e que mais vos ama no Céu!

---

[297] *Glórias e Poder de Nossa Senhora das Lágrimas*, 1934, p. 130 e 131.

Nas contas brancas (grupos de sete):

Meu Jesus, ouvi nossos rogos, pelas Lágrimas de vossa Mãe Santíssima.

Repetem-se três vezes, nas três contas brancas finais:

Vede, meu Jesus, são as Lágrimas d'Aquela que mais vos amou na Terra e que mais vos ama no Céu.

Oração final: *Virgem Santíssima e Mãe das Dores, nós vos pedimos que junteis vossos rogos aos nossos, a fim de que Jesus, vosso Divino Filho, a quem nos dirigimos em nome de vossas Lágrimas de Mãe, ouça nossas preces e nos conceda, com as graças que desejamos, a coroa eterna. Assim seja! Amém!*

Jaculatórias finais (rezar contemplando e beijando cada lado da medalha):

Por vossa mansidão divina, ó Jesus Manietado, salvai o mundo do erro que se acha ameaçado!

Ó Virgem Dolorosíssima, vossas Lágrimas derrubaram o império infernal!

Imprimatur – Campinas, 8 de março de 1932

† Francisco de Campos Barreto

AS NOSSAS FLORINHAS

A Missionária de Jesus Crucificado, como pequena mensageira dos Divinos favores, quer atirar-vos, caríssimos leitores, um punhado de mimosas florinhas... Recebei-as com amor!

O vento sibila, nuvens pardacentas toldam o céu, pouco antes de um azul tranquilo de turquesa; cai pesada chuva... Açoutadas pelo vendaval, dobram-se palmeiras, gemem as árvores em torturantes ânsias, rolam pétalas arrancadas sem piedade...

Na manhã seguinte desci ao jardim a fim de observar e reparar os estragos da véspera. Espetáculo desolador! Nenhuma planta, das que com tanto cuidado cultivava, ficou intacta, nenhuma flor ornava as hastes agora despidas de folhagem, vergadas ou arremessadas ao solo!...

Refletia pesarosa no que via quando a aragem perfumada que soprava, fez-me lembrar d'um recintozinho do jardim, que não havia visitado. Para lá me dirigi. Do tapete de verdura viçoso e ainda úmido, onde brincavam raios de sol nascente em ondas de ouro, senti mais intenso o aroma que para ali me atraíra. Cuidadosa com as mãos, afastei a folhagem, deparando, então com um punhado de pequeninas e mimosas florinhas, frascos vivos que, derraman-

do odor suave embalsamavam o ambiente... Tão pequeninas e tão débeis, como saíram vencedoras de tão tremenda luta?

Pus-me a meditar...

O perfume leve e agradável, que então me envolvia e se elevava com a aragem, transportou meu espírito para um jardim mais belo e delicioso no qual penetrei com santa emoção e piedoso respeito. Era o maravilhoso jardim das almas, no qual o Divino Semeador lança as sementes, que deverão produzir fruto de vida eterna.

Com carinhoso amor Ele cerca de cuidados estas sementinhas tenras, orvalhando-as com sua graça, aquecendo-as com os raios quentes de seu amor e fecundando o solo com os seus dons preciosos, para que elas germinem, cresçam e floresçam...

Eis que um vendaval tremendo as apanha em pleno viço e desabrochar...

E' a tormenta das paixões da mocidade que tudo quer arrebatar e destruir !

Do abençoado jardim, onde vicejam flores raras, que exalam os perfumes da inocência e candura, o que será feito? Se converterá em montões de ruínas, em terra ingrata, onde só medram as ervas daninhas e venenosas, a urze e os espinhos? Sim, se nele faltar a violeta humilde, que sabe lutar porque se aniquila e se esconde, vencer, porque confia e se abandona.

No precioso jardim das vossas almas, ó caras jovens, não vos esqueçais de cultivar com cuidado esta delicada florinha, se quiserdes conquistar a palma da vitória, a suprema ventura, a Pátria do Amo!

E' a humildade, que, nos fazendo pequeninos nadas aos nossos olhos e aos do nosso próximo, nos faz grande aos olhos do bom Deus! Ela deve constituir a base da montanha santa da perfeição, que pousando na terra tem o seu cume aureolado de luz na eterna mansão dos bem aventurados!

Foi, esta virtude, a mais mimosa flor que ornou o Coração da Virgem e que A fez Mãe de Jesus, pois, se Ela estava vestida pela pureza dos lírios, que A tornava bela aos olhos Divinos, tinha como adorno a violeta da humildade; e esta foi o imã que atraiu a Ela o Verbo de Deus!

(...)

Caríssimos leitores, esta é a florzinha de hoje, recebei-a com afeto e, como gosta ela muito de se ocultar, guardai-a com amor no mais íntimo de vossas almas, ela bem merece todo o carinho, pois, foi nascida no coração d'Aquele que disse: "Aprendei de Mim que sou manso e humilde de coração". [298]

A Missionária, 1931.

[298] Revista *A Missionária*, Ano I, Campinas, 4 de agosto de 1931, Nº2, pp.5,6.

SALVAGUARDA DE INÉDITOS

A pesquisadora e autora desta obra, em setembro de 2021, pediu no cartório a salvaguarda dos INÉDITOS. O saldo da pesquisa resultante em documentos, cartas e periódicos INÉDITOS, que constam neste livro, está REGISTRADO no 2º Cartório de Registro de Títulos e Documentos da Comarca de São José dos Campos, protocolado no Livro A, sob n. 35.888, e registrado no Livro F sob o n. 32.127, com firma reconhecida no 1º Tabelião de Notas da mesma Comarca.

Todos os direitos desta obra são reservados à autora. É proibida sua reprodução total ou parcial sem sua prévia autorização, tanto para sistemas gráficos, microfilmáticos, fotográficos, reprográficos, fonográficos, videográficos, Internet (Redes Sociais, Lives, canal Youtube, Spotfy, blogs, sites, etc.), especialmente os INÉDITOS que são mencionados em totalidade na BIBLIOGRAFIA.

A violação dos direitos autorais é punível como crime (art. 184 e parágrafos do Código Penal, cf. Lei n. 6.895, de 17/12/1980), com pena de prisão e multa, conjuntamente com busca, apreensão e indenização diversas (artigos 102, 103, parágrafo único, 104, 105, 106 e 107, itens 1, 2, 3, da Lei n. 9.610, de 10/06/1998; Lei dos Direitos Autorais).

BIBLIOGRAFIA

MENSAGENS, CARTAS, ORAÇÕES, ESCRITAS E/OU DITADAS POR IRMÃ AMÁLIA AGUIRRE QUEIJA

Três cartas a Maria Bernadette Villac Adde, escritas por Irmã Amália na década de 1970, Taubaté, SP. (INÉDITO)

Do Presídio de Amor. Mensagens de Jesus, Maria e pessoais. Instituto Missionárias de Jesus Crucificado. 1ª edição, São Paulo: Sociedade Impressora Brasileira, 5 de janeiro de 1935.

Glórias e Poder de Nossa Senhora das Lágrimas. Mensagens de Jesus, Maria e pessoais. Instituto Missionárias de Jesus Crucificado, Typ. Da Casa Mascotte. 1ª edição, Campinas, 1934.

Licções de Jesus-Victima. Instituto Missionárias de Jesus Crucificado, Typ. De Obras do Jornal de Piracicaba. 1ª edição, São Paulo, 1933.

Minha Rainha, minha advogada e Mãe, Virgem Santa, Mãe de meu Redentor. Campinas, São Paulo, 8 de setembro de 1939. (INÉDITO)

Nossa Senhora das Lágrimas e o seu Pombal. Instituto Missionárias de Jesus Crucificado. 1ª edição, 1935.

O Bom Combate na Alma Generosa. Mensagens de Je-

sus, Maria e pessoais. Instituto Missionárias de Jesus Crucificado. 1ª edição, São Paulo: Sociedade Impressora Brasileira, 4 de agosto de 1936.

Oração do Precioso Sangue. Campinas, São Paulo, 5 de julho de 1934.

Os Dons e os Fructos do Espírito Santo. Instituto Missionárias de Jesus Crucificado. 1ª Edição, Campinas, São Paulo, 1935.

Revelações de Nosso Senhor à Irmã Amália sobre seu percurso no caminho do Calvário, s/d. (INÉDITO)

Vida Íntima I e II. Cartas da Irmã Amália que foram datilografadas e publicadas em um livro. Consta no *Dossiê Irmã Amália* enviado para o Vaticano por dom Francisco de Campos Barreto.

DOCUMENTOS REFERENTES A AMÁLIA AGUIRRE QUEIJA

Certidão de Nascimento. Ministério de Justiça Espanha, Registro Civil Concello de Riós, N. 0866569/19; Libro Tomo 20, p. 236. (INÉDITO)

Certidão de Batismo. Libro: Duplicados Partidas Sacramentales, Parroquia Riós, Santa maria, p.15. Certidão enviada por d. Miguel Ángel González Garcia, encarregado del Archivo Histórico Diocesano de Ourense, AHDO. (INÉDITO)

Certidão de Óbito da Irmã Amália Aguirre. Cemitério da Venerável Ordem Terceira de São Francisco/Cartó-

rio de Registro Civil, Taubaté, SP, p. 143, livro n. 1 de Registro de Óbitos. (INÉDITO)
Laudo Médico, Irmandade de Misericórdia de Taubaté, Hospital Santa Isabel, N. 4225, 24 de março de 1976, Taubaté, SP. (INÉDITO)
Resultado de Exame de Eletrocardiograma, Irmandade de Misericórdia de Taubaté, Hospital Santa Isabel, 16 de janeiro de 1956. (INÉDITO)
Resultado de Exame Radiológico da Coluna Cervical e Dorsal, Irmandade de Misericórdia de Taubaté, Hospital Santa Isabel, 27 de janeiro de 1976, Taubaté, SP. (INÉDITO)
Requisição de Exame de Eletrocardiograma, Irmandade de Misericórdia de Taubaté, Hospital Santa Isabel, n. Registro 110079, 20 de março de 1976, Taubaté, SP. (INÉDITO)
Resultado do Exame de Eletrocardiograma, Irmandade de Misericórdia de Taubaté, Hospital Santa Isabel, n. Registro 110079, Leito 689, 20 de março de 1976, Taubaté, SP. (INÉDITO)
Resultado do Exame de Eletrocardiograma, Irmandade de Misericórdia de Taubaté, Hospital Santa Isabel, n. Registro 110079, 20 de março de 1976, Taubaté, SP. (INÉDITO)
Diagnóstico Clínico RX Tórax, Irmandade de Misericórdia de Taubaté, Hospital Santa Isabel, n. 4068, 21 de março de 1976, Taubaté, SP. (INÉDITO)
Prontuário Médico, Irmandade de Misericórdia de Taubaté, Hospital Santa Isabel, n. 4225, 22 de março de 1976, Taubaté, SP. (INÉDITO)

DOSSIÊ, CARTAS, COMUNICADOS, ANOTAÇÕES, POR DOM FRANCISCO DE CAMPOS BARRETO

A origem do Instituto das Missionárias de Jesus Crucificado, s/d., Campinas, SP. (INÉDITO)

Carta comunicado às Irmãs Missionárias de Jesus Crucificado, Reprovação vinda do Vaticano, maio de 1935, Campinas, SP. (INÉDITO)

Carta ao Sr. Delegado de Polícia. In: Actos do Governo da Diocese de Campinas, 24.12.1925 – 31.03.1931. 25 de novembro de 1930, Campinas, SP. (INÉDITO)

Com o S. Padre. In: *Livro do Tombo Diocese de Campinas*, 1922-1929, Ano 1932, Campinas, SP. (INÉDITO)

Constituição do Instituto Missionárias de Jesus Crucificado, 4 de agosto de 1928, Campinas, SP. (INÉDITO)

Corpus Christi, In: *Actos do Governo da Diocese de Campinas*, 24.12.1925 – 31.3.1931. Edital N. 20, 17 de junho de 1930, Campinas, SP. (INÉDITO)

Dossiê ao papa Pio XI, Histórico/Relatório Irmã Amália de Jesus Flagelado (carta e atestados). In: *Livro do Tombo Diocese de Campinas 1922-1939*, Ano 1928, das páginas 31B a 38 A, Campinas, SP. (INÉDITO)

Livro do Tombo Diocese de Campinas 1922-1939, (várias anotações sem datas). Campinas, SP. (INÉDITO)

Missionárias. In: *Livro do Tombo Diocese de Campinas, 1922-1929*. Campinas, SP, 1932. (INÉDITO)

Nomeação de Irmã Hermantina da S. Paixão, 27 de agosto de 1928, Campinas, SP. (INÉDITO)

Pastoral, Ação e Oração. In: *Livro do Tombo Diocese de Campinas, 1922-1939.* agosto de 1931, Campinas, SP. (INÉDITO)
Revista do Instituto. In: *Livro Tombo Diocese de Campinas, 1922-1939*, s/d., Campinas,SP. (INÉDITO)
Revolução de 1932. In: *Livro do Tombo Diocese de Campinas, 1922-1929*, Ano 1932, Campinas, SP. (INÉDITO)
Secretaria das Congregações Religiosas, Vaticano, 26 de março de 1928. (INÉDITO)
Visitador Apostólico no Instituto. In: *Livro do Tombo Diocese de Campinas 1922-1939*, Ano 1936, Campinas, SP. (INÉDITO)
Thereza Neumann. In: *Livro do Tombo Diocese de Campinas, 1922-1929*, Ano 1932, Campinas, SP. (INÉDITO)
27 de Agosto de 1936, Jubileu Episcopal. Dom Francisco de Campos Barreto. In: *Livro do Tombo – Diocese de Campinas 1922-1939*, 1936, Campinas, SP. (INÉDITO)

DOCUMENTOS, CARTAS E COMUNICADOS EM GERAL

Acto de Desaggravo ao Exmo. Sr. Bispo Diocesano. In: *Acto do Governo da Diocese de Campinas*, Ano 1930, Campinas, SP. (INÉDITO)
Carta Mortuária de padre Domingos Giovannini, escrita por Pe. João Resende Costa, 17 de maio de 1944, Liceu Coração de Jesus, São Paulo, SP.

Certidão de Óbito de Mariano Aguirre Queija. Registro de Riós, Espanha, Acta de Defunción, número 228. (INÉDITO)

Discurso de Inauguração do Lar Irmã Amália Sob o Patrocínio de São José. Francisco Negrisollo. Taubaté, SP, 1980.

Dizeres da *Placa Inaugural Centro de Acolhida de Adolescentes – Lar Irmã Amália*, 27 de outubro de 2001, Taubaté, SP.

Mudança do Noviciado das Missionárias. In: *Livro do Tombo Diocese de Campinas 1922-1939*. s/d., Campinas, SP. (INÉDITO)

PERIÓDICOS CONSULTADOS

A Noite, Rio de Janeiro, 14 de janeiro de 1918, Edição n. 02185.

Correio da Manhã, Rio de Janeiro, RJ, 2 de julho de 1931, Edição n. 11209.

Correio Paulistano, Campinas, SP, 1928, Edição n. 23399.

Correio Paulistano, Campinas, SP, 17 de novembro de 1928.

Correio Paulistano, Campinas, SP, 22 de novembro de 1928, Edição n. 23406.

Correio Paulistano, Campinas, SP, 3 de maio de 1929, Edição n. 23543.

Correio Paulistano, Campinas, SP, 19 de maio de 1929, Edição n. 23557.

Correio Paulistano, Campinas, SP, 1936, Edição n. 24548.

Correio Paulistano, 23 de fevereiro de 1939, n. 25449.

Correio de São Paulo, São Paulo, SP, 1933, n. 396, Ano 2.

Diário Nacional, São Paulo, SP, 15 de novembro de 1928.

Diário Nacional, São Paulo, SP, 16 de novembro de 1928.

Diário Nacional, São Paulo, SP, 18 de novembro de 1928.

Diário Nacional, São Paulo, SP, 25 de novembro de 1928.

Diário Nacional, São Paulo, SP, 30 de novembro de 1928.

Diário Nacional, São Paulo, SP, 2 de dezembro de 1928.

Diário Nacional, São Paulo, SP, 26 de maio de 1929, Edição n. 00582.

Diário de Pernambuco, Recife, PE, 1934, n. 191, Ano 109.

Diário do Povo, Campinas, SP, 23 de outubro de 1918.

Folha de São Paulo, Mundo. São Paulo, SP, 30 de agosto de 1997.

Jornal *A Gazeta*, São Paulo, SP, 14 de fevereiro de 1931, Edição n. 07504.

Jornal *A Gazeta*, São Paulo, SP, 19 de fevereiro de 1931, Edição n. 07507.

Jornal *Caldas de São Pedro*, Caldas de São Pedro, SP, março 1937, Ano 2, n. 29.

Jornal do Commercio, Rio de Janeiro, RJ, Ano 103, 9 de julho de 1930.

Jornal *El Correo Gallego*, 15 de setembro de 1918.

Jornal *La Región*, Galícia, Espanha, 19 de outubro de 1918.

O Lar Catholico, Juiz de Fora, MG, 5 de junho de 1932, n. 23, Ano 22.

O Lar Catholico, Juiz de Fora, MG, n. 38, 23 de setembro de 1934, Ano 22.

O Lar Catholico, Juiz de Fora, MG, 12 de maio de 1935, n. 19, Ano 23.

O Imparcial, Diário Ilustrado do Rio de Janeiro, Rio de Janeiro, 15 de janeiro de 1918, Edição n. 01837.

Revista *A Missionária de Jesus Crucificado*, 1931, Ano 1, n. 3.

Revista *Innovación Educativa,* Espanha, n. 26, 2016.

Revista *Maria*, Recife, PE, 1933, Ano 21, n. 5.

Revista *Maria*, Recife, PE, 1934, Ano 21, n. 7. Revista *Maria*, Recife, PE, 1935, Ano 23, n. 257.

Revista *Maria*, Recife, PE, 1936, Ano 24, n. 269. Revista *Maria*, Recife, PE, 1936, Ano 24, n. 277.

Revista *O Cruzeiro*, Rio de Janeiro, RJ, 17 de outubro de 1931.

Revista Sarmiento, 2007, Espanha.

Fabio Ricci. VILAS OPERÁRIAS DE TAUBATÉ: um estudo introdutório, Universidade de Taubaté, UNI-

TAU, Mestrado em Planejamento e Desenvolvimento Regional.

LIVROS CONSULTADOS

BALLESTER, Jesús M. *São João da Cruz, noite escura lida hoje*. São Paulo: Paulinas, 1981.

BERGADANO, Helena. *Padre Pio o perfume de amor*. São Paulo: Paulinas, 2003.

BULTMANN, Rufolf. *Gignoskein*, ThWB, Alemanha.

CASTELLI, Francesco. *Padre Pio sob investigação*. São Paulo: Paulinas, 2009.

Irmã Amália e a devoção a Nossa Senhora das Lágrimas 531.

CRUZ, São João da. *Chama Viva de Amor*, canção II, n. 13, Petrópolis, RJ: Editora Vozes, 1960.

D'ÁVILA, Santa Teresa. *Castelo Interior e Moradas*. São Paulo: Paulinas, 1982.

DRUMMOND, Henry. *O Dom Supremo*. Rio de Janeiro: Rocco, 1994.

FRANCO, Maria Apparecida L. Pinheiro. *Serva de Deus, Irmã Amália*. São Paulo: Impressão Escolas Profissionais Salesianas, 1985.

GREWE, Frei Libório. *Teresa Neumann ou a estigmatizada Konnersreuth*. Itapevi, SP: Nebli, 2018.

GRÜN, Anselm. *Se quiser experimentar Deus*. Petrópolis: Vozes, 2001.

GRÜN, Anselm. *O Céu começa em você*. Petrópolis: Vozes, 2004. GRÜN, Anselm, *Seja fiel aos seus sonhos*. Petrópolis: Vozes, 2007.

GRÜN, Anselm. *A Espiritualidade a partir de si mesmo*. Petrópolis: Vozes, 2004.

JOVANOVIC, Pierre. *Relatos sobre a existência dos Anjos da Guarda*. Tradução de Maisa de Lacerda Nazario. São Paulo: Anagrama, 1995.

KAZANTZAKIS, Nikos. *O Pobre de Deus*. São Paulo: Tradução de Milton Persson. Círculo do Livro, 1987.

KOWALSKA, Santa Faustina. *Diário A Misericórdia Divina na minha alma*. Tradução de prof. Mariano Rawka. Editora Apostolado da Divina Misericórdia, 2015.

LARRAÑAGA, Inácio. *O Silêncio de Maria*. São Paulo: Paulinas, 1977.

LARRAÑAGA, Inácio. *Mostra-me o teu rosto*. São Paulo: Paulinas, 1999.

LEBAUD, Philipe. *Hélène Renard, Des Prodiges et des Hommes*. Paris, França, 1989.

LEITE, Silvana Cobucci. *Padre Pio, crucificado por amor.* São Paulo: Loyola, 1999.

LEWIS, Ioan. *Êxtase Religioso*. São Paulo: Perspectiva, 1977.

MARTÍN, Santiago. *O Diário Secreto da Virgem Maria*. São Paulo: Mercuryo-Paulus, 2009.

PEREIRA, Padre José Carlos C.P. In: Prefácio. *O caderno dos meus pecados: autobiografia/ Santa Gemma Galgani*; tradução de Amanda Vanessa Monaco Peixoto. São Paulo: Paulus, 2019.

PINTO, Rita Sêda. *Sob o olhar da Imaculada.* São José dos Campos: ComDeus, 2014.

RENARD, Hèléne. *Le Live des révélations.* Editora Cerf, 2001.

TILLICH, Paul. *Teologia sistemática.* Tradução de Getúlio Bertelli e Geraldo Korndörfer. São Leopoldo: Sinodal, 2005.

VILLAC, Sylvia MJCr. *Família de Paulo José Villac e Maria Clarice Marinho Villac*, 2005.

VATICANO, CARTAS, ENCÍCLICAS, DOGMAS ETC.

A Mãe da Misericórdia. In: *Carta Encíclica Dives In Misericordia, do Sumo Pontífice João Paulo II*, sobre a Misericórdia Divina, 30 de novembro de 1980. In site: Vaticano.

Doutrina e Frutos do Comunismo, Falso ideal. Papa Pio XI. In: Carta Encíclica Divinis Redemptoris, 19 de março de 1937, ano XVI do Nosso Pontificado. In site: Vaticano.

Encíclica *Rerum Novarum* (Revolução), papa Leão XIII, 15 de maio de 1891. In site: Vaticano.

Encíclica *Ad diem illum.* Papa Pio X. 2 de fevereiro de 1904. In: *site Vaticano.*

Maria, nova Eva, Aurora do Novo Testamento – II Devota Imitação das Virtudes de Maria Santíssima. Exortação Apostólica Signum Magnum de sua Santidade

Papa Paulo VI Consagrada ao Culto da Virgem Maria, Mãe da Igreja e Modelo de todas as Virtudes. In: *site Vaticano.*

Per Mariam ad Jesum – II Devota Imitação das Virtudes de Maria Santíssima. Exortação Apostólica *Signum Magnum* de sua Santidade Papa Paulo VI Consagrada ao Culto da Virgem Maria, Mãe da Igreja e Modelo de todas as Virtudes. In: site Vaticano.

Premunir-se contra as ciladas do Comunismo. Papa Pio XI. In: *Carta Encíclica Divinis Redemptoris*, 19 de março de 1937, ano XVI do Nosso Pontificado. In: site Vaticano.

Terceiro Dogma Mariano – Imaculada Conceição. Artigo In site: Congregação Mariana, desde 1563, Escola de Santos, Exército de Apóstolos. Santo Irineu, adv. haer.3,22,4; (CIC 494).

DEPOIMENTOS (INÉDITOS)

Bernadette Villac Adde, 25 de novembro de 2020 e 1º de janeiro de 2021, São Paulo, SP.

Milton Gauch, 2 de dezembro de 2020, Taubaté, SP.

Marilena Rabelo dos Santos, 14 de novembro de 2020, Taubaté, SP.

Thereza Christina Negrisollo, 29 de março de 2024, São Paulo, SP

AGRADECIMENTOS

– A André Viana, Sacerdote Diocesano, Itapetininga, SP.

– A Clidiná Caivano Rodrigues e sua filha Carmem, de São Paulo, SP.

– Ao Cônego Benedito Azevedo Gouveia, de São José dos Campos, SP.

– A Dom João Inácio Muller, arcebispo arquidiocesano, de Campinas, SP.

– A Fatima Regina Macedo de Camargo, de Taubaté, SP.

– A Franscesco Castelli, de Roma, Itália.

– A Hamilton de Paula Danelli, de Taubaté, SP.

– A Irene Heleonora Sêda Pinto Fantini, de Campinas, SP.

– A Ivon Luiz Pinto, de Santa Rita do Sapucaí, MG.

– A Letícia A. Sêda Pinto Albinati, de Varginha, MG.

– A Lindinalva Gomes da Silva, Campinas, SP, irmã Missionária de Jesus Crucificado.

– A Lucia Regina Santos N. da S. Costa, de Taubaté, SP.

– A Maria Almay, de São Carlos, SP.

– A Maria Bernadette Villac Adde, de São Paulo, SP.

– A Maria da Glória, irmã Missionária de Jesus Crucificado (*In Memoriam*).

– A Maria de Lourdes Camargo, de Campinas, SP, irmã Missionária de Jesus Crucificado.

– A Marilena Rabelo dos Santos, de Taubaté, SP.

– A Miguel Ángel González Garcia, de Ourense, Espanha.

– A Milton Gauch, de Taubaté, SP, médico cardiologista.
– A Nilo Ribeiro Junior, de Recife, PE.
– Ao monsenhor Rafael Capelato, de Campinas, SP.
– A Rosa Maria Maluf Cerbasi Fontana, de Sumaré, SP.
– A Silvana de Cássia Ribeiro, de Campos, RJ.
– A Silvia de Fátima Oliveira, de Araraquara, SP.
– A Thereza Christina, São Paulo, SP.
– A Tiago Villac Adde, de São Paulo, SP.
– A Wilson Muller, de São José dos Campos, SP.
– Ao diretor e aos funcionários do Cartório Civil de Riós.

RITA ELISA SÊDA

É genealogista, pesquisadora, fotógrafa, arqueóloga, cronista, romancista e contista.

Há 40 anos é devota de Nossa Senhora das Lágrimas. Possui Coroa, estampas grandes e pequenas de Nossa Senhora das Lágrimas e Jesus Manietado; medalhas grandes, médias e pequenas, todas da década de 1930, que sempre estão em destaque no lugar de oração, em sua residência. Em seu acervo particular constam: livros, originais, cartas e registros fotográficos correspondentes à Irmã Amália.

É membro-fundadora da Academia vale-paraibana de Letras e Artes – AVLA, da Academia Brasileira de Letras e Artes - ABLA. Pertence à Confederação Brasileira de Letras e Artes – CONBLA; ao Instituto Histórico, Geográfico e Genealógico do Grande ABC – IHGG. Recebeu o prêmio Carlos Drummond de Andrade, Revelação Literária do Ano, em Itabira, MG. É embaixadora da Paz pela ordem da Coroa dos Arameus e dos Auranitas, comendadora oficial pelo Estado de São Paulo com a Medalha Leão de Judá; Medalha Monteiro Lobato, Taubaté, SP. Possui diversos livros, entre eles as biografias: "Cora Coralina – Raízes de Aninha" (que inspirou o filme "Cora Coralina Todas as Vidas", ganhador de quatro grandes prêmios brasileiros); "Nhá Chica a Mãe dos Pobres" (documentário pela Canção Nova); "Franz de Castro Holzwarth – o apóstolo da Misericórdia"; "Viver na Alegria do Senhor – Dom Raymundo Cardeal Damasceno Assis".

Se houver graças alcançadas por intermédio da intercessão de Nossa Senhora das Lágrimas e da Irmã Amália Aguirre Queija, envie seu testemunho para o e-mail: nossasenhoralagrimas@gmail.com

Site: www.nossasenhnoradaslagrimas.com.br

Site: www.ritaelisaseda.com.br

FOTOS

Foto 1: Primeira Comunhão Amália Aguirre Queija, Riós, Espanha, 1911.

Foto 2: Amália Aguirre Queija, Brasil, década de 1920.

Foto 3: Irmã Amália, estigma da mão direita, Campinas-SP, fim da década de 1920.

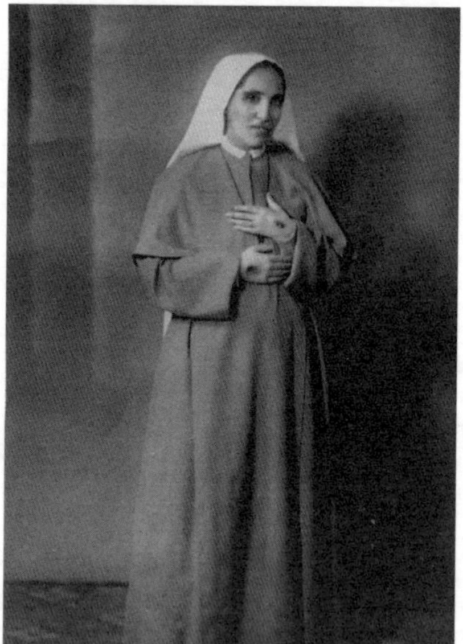

Foto 4: Irmã Amália, estigmas, Campinas-SP, fim da década de 1920.

Foto 5: Estampa Jesus manietado, 1931.

Foto 6: Estampa N. S. das Lágrimas, 1931.

Foto 7: Irmã Amália e Dona Therezinha, Taubaté-SP, s/d.

Foto 8: Túmulo da Irmã Amália, Taubaté-SP, 2020.

ÍNDICE